Simon und Claudia Paganini
Qumran

topos taschenbücher, Band 722

Simon und
Claudia Paganini

Qumran

*Zwischen Verschwörung
und Archäologie*

topos taschenbücher

Verlagsgemeinschaft topos plus
Butzon & Bercker, Kevelaer
Don Bosco, München
Echter, Würzburg
Lahn-Verlag, Kevelaer
Matthias-Grünewald-Verlag, Ostfildern
Paulusverlag, Freiburg (Schweiz)
Friedrich Pustet, Regensburg
Tyrolia, Innsbruck

verlags gruppe engagement

Bibliografische Information der Deutschen Nationalbibliothek
Die Deutsche Nationalbibliothek verzeichnet diese Publikation in der Deutschen Nationalbibliografie; detaillierte bibliografische Daten sind im Internet über http://dnb.d-nb.de abrufbar.

2010 Verlagsgemeinschaft **topos** plus, Kevelaer

Einband- und Reihengestaltung | Finken & Bumiller, Stuttgart
Umschlagabbildung | KNA
Herstellung | Pustet | Regensburg
Printed in Germany

Topos ISBN: 978-3-8367-0722-0
www.topospplus.de

Inhalt

Eine Geschichte, die sich lohnt, neu erzählt zu werden

Die alte Ruinenstätte von Qumran liegt am Nordwestufer des Toten Meeres auf einer etwa 200 Meter höher gelegenen terrassenförmigen Mergelebene. Seitdem in der Nähe der Siedlung nach 1947 unzählige Fragmente von antiken Schriftrollen gefunden wurden, ist die Anlage von Qumran rasch als Hauptsitz der Essener ausgegeben worden, einer klosterähnlichen Gemeinschaft, die Armut und Ehelosigkeit gelobt, abgeschieden von der Außenwelt gelebt und Schriftrollen verfasst haben soll. Die moderne Forschung zeigt aber ein geradezu konträres Bild: Die Gegend um das Tote Meer war nämlich damals keineswegs unbelebt oder unwirtlich, die Essener waren vermutlich in ganz Judäa verbreitet, die Qumran-Siedlung war kein Kloster und wurde auch nicht von zölibatären Mönchen bewohnt. Auch die lange Zeit für selbstverständlich erachtete Verbindung zwischen Rollen und Siedlung erscheint nunmehr als zweifelhaft. Eine ganze Reihe von Fragen tut sich auf: Verfolgte die Anlage religiös-spirituelle Zwecke oder fungierte sie als ein auf regionale Landwirtschaft spezialisiertes Dienstleistungszentrum? Waren die Bewohner ausschließlich Bauern und Balsamproduzenten oder doch auch Mitglieder religiöser Gruppierungen? Stammen die Schriftrollen ursprünglich aus Qumran oder wurden sie in den Höhlen lediglich gelagert bzw. versteckt?

Die Liste der noch ungeklärten Fragen rund um die „archäologische Sensation" des vergangenen Jahrhunderts ließe sich noch lange fortsetzen, und zwar nicht zuletzt deshalb, weil trotz der vollständigen Publikation der Schriftstücke ein abschließender Grabungsbericht noch ausständig ist. In der Wissenschaft stehen sich im Wesentlichen zwei konträre Positionen gegenüber – nämlich die Essener-Hypothese auf der einen Seite und die Auffassung, Qumran sei ein landwirtschaftliches Zentrum gewesen und stehe nicht in Zusammenhang mit den Handschriften, auf der anderen. In der Populärliteratur dagegen boomen nach wie vor Verschwörungstheorien, die zwar spektakulär und spannend sind, mit der Sachlage aber meist nur sehr wenig zu tun haben.

Daher verfolgt dieses Buch ein zweifaches Ziel: Zum einen möchten die Autoren den unwahren Sensationsberichten rund um Qumran ein seriöses Standardwerk entgegensetzen, das sich an ein nichtwissenschaftliches Publikum richtet und auch für all jene interessierten Leser verständlich ist, die keine Qumran-Spezialisten sind. „Qumran und die Schriftrollen vom Toten Meer“ basiert auf der langjährigen Vorlesungs- und Vortragstätigkeit von Simon Paganini, der an den Universitäten Wien, München, Mailand und Innsbruck, aber auch an zahlreichen Volkshochschulen und Einrichtungen der Erwachsenenbildung über Qumran und die „Dead Sea Scrolls“ referiert hat. Zugleich verstehen die Autoren ihr Werk als Beitrag zur aktuellen Qumran-Forschung, das nicht bloß einen Überblick zum Status quo bietet, sondern eigene Akzente setzt und neue Lösungsvarianten zu den Themen „Siedlung, Bewohner und Schriftrollen“ vorschlägt. Qumran und die Schriftrollen vom Toten Meer können – so viel darf bereits verraten werden – nicht voneinander getrennt werden, die Beziehungen sehen jedoch anders aus, als vielfach noch bis heute angenommen wird.

Claudia und Simon Paganini
Innsbruck, im Sommer 2010

1. Entdeckung, Ankauf und Veröffentlichung der Schriftrollen aus der judäischen Wüste

„Viel Geld für wenig Leder.“
KANDO

Es war im Winter 1946/1947, als drei Beduinen, die Cousins Khalil Musa, Juma'a Muhammed Khalil und Mohammed edh Dhib (arabisch: der Schakal), Halbnomaden aus dem Stamm der Ta'amireh, ihre Ziegen und Schafe im Gebiet nordwestlich des Toten Meeres hüteten. Als eine der Ziegen sich von der Herde entfernte – so die offizielle Variante der Beduinen –, stieg ihr Khalil Musa, der Jüngste der drei, nach. Er verfolgte die entlaufene Ziege und warf ihr, um sie in die richtige Richtung zu treiben, Steine hinterher. Dabei traf er eine Öffnung in der Steinwand und hörte ein Geräusch, als ob Ton zerbrechen würde. Es war jedoch bereits zu spät, um der Sache auf den Grund zu gehen, weshalb die jungen Männer ihre Tiere nach Hause brachten. Am nächsten Tag kehrte Mohammed edh Dhib allein zurück und entdeckte an der besagten Stelle eine kleine Öffnung im Fels, die in eine etwa acht Meter lange, zwei Meter hohe und eineinhalb bis zwei Meter breite Höhle führte. Darinnen entdeckte er mehrere rund 60 Zentimeter hohe Tonkrüge, von denen einige gut erhalten waren, andere in Scherben. Die bedeutendste archäologische Entdeckung des Jahrhunderts war gemacht.

Eine zweite Variante berichtet davon, dass die drei Beduinen Khalil Musa, Juma'a Muhammed Khalil und Mohammed edh Dhib auf der Suche nach einem geeigneten Versteck für ihre Schmuggelware den wertvollen Fund machten. Die

Luftansicht über das Gelände von Qumran in Richtung Norden. Neben der Mergelterrasse, auf der die Siedlung liegt, befindet sich im Vordergrund Höhle 4, in der die große Mehrheit der Handschriftenfragmente gefunden wurde.

Zeit unmittelbar nach dem Zweiten Weltkrieg war auch für die Menschen in der judäischen Wüste von Not und Armut geprägt, sodass gerade die Nomaden, welche die landschaftlichen Begebenheiten von klein auf kannten, versuchten, sich durch illegalen Handel einen Zuverdienst zu verschaffen. In diesem Zusammenhang ist auch vorstellbar, dass Mohammed edh Dhib und seine Cousins – so erzählt die Variante 3 – auf der Flucht vor den „Wüsten-Dschinn" (arabisch: Dämonen, Geister) in der Höhle Zuflucht gesucht haben.

Die Lederrollen und der Schuhmacher aus Bethlehem

Die tatsächlichen Hintergründe für den großartigen Fund der Beduinen werden wohl für immer ungewiss bleiben und sind eigentlich auch nicht von Interesse. Viel wichtiger ist, dass Mohammed edh Dhib bei der Untersuchung der Krüge einige alte, vermoderte, grünliche und brüchige Schriftrollen aus Leder entdeckte – verblichen und durch eine teerähnliche Substanz verklebt –, von denen einige in ein Leinentuch gewickelt waren. Wenngleich er nicht ahnen konnte, wie wertvoll diese Rollen waren, nahm er sie mit in sein Lager und zeigte sie den Ältesten seines Stammes. Von diesem ersten Fund sind heute noch sieben Schriftrollen erhalten, namentlich die Große Jesajarolle, ein Kommentar zum biblischen Buch Habakuk, die Gemeinderegel, das Genesis-Apokryphon, eine zweite, unvollständige Version des Jesajabuches, die Lobliederrolle und die Kriegsrolle. Doch auch die Ältesten konnten diese Rollen weder einordnen noch die Schriftzeichen entziffern. Die Rollen blieben zunächst in den Zelten, die Kinder spielten damit und da das alte Leder beim Verbrennen gut roch, wurden Teile sogar ins Feuer geworfen. Dessen ungeachtet kehrten die Männer in den folgenden Tagen in die Höhle zurück und fanden noch weitere Rollen bzw. Rollenfragmente.

Frühe Entdeckungen am Toten Meer

Verschiedenen antiken Textzeugnissen ist zu entnehmen, dass in der Region um das Tote Meer bereits viele Jahrhunderte früher Schriftrollen entdeckt worden sind. So schreibt Timotheus I., Patriarch von Seleukeia (8. Jh. n. Chr.), in einem Brief:

„Wir haben erfahren, dass vor circa zehn Jahren in einer Felsenwohnung in der Nähe von Jericho ein paar Lederrollen und Bücher gefunden wurden. Ein Hund eines arabischen Jägers sei bei der Verfolgung von Wild in einer Höhle verschwunden und nicht wieder herausgekommen. Sein Besitzer sei ihm gefolgt und habe in der Felsenwand eine Kammer mit vielen Büchern aus Leder gefunden. Der Jäger sei nach Jerusalem gegangen und habe den Juden seine Geschichte erzählt. Diese waren in großer Anzahl erschienen und erkannten in den Büchern Werke des Alten Testamentes und andere Werke in hebräischer Schrift."

Auch Origenes (185–284) und Eusebios von Caesarea (260–340), zwei christliche Theologen, Historiker und Gelehrte, hatten bereits von ähnlichen Funden in Höhlen südlich von Jericho berichtet. Auch ist überliefert, dass manche Schriften in Tonkrügen aufbewahrt worden seien.

Nachdem die Fundstücke dann einige Wochen in den Zelten der Halbnomaden gehangen bzw. gelegen waren, brachten die Beduinen im Frühjahr 1947 sieben Lederrollen nach Bethlehem, um sie dort einem Schuster zu verkaufen. Möglicherweise trifft die Erzählung der Männer zu, wonach sie dem Schuster die Rollen in der Erwartung angeboten hätten, er könne aus dem gut erhaltenen Leder Sandalen anfertigen. Wahrscheinlicher ist aber, dass die Beduinen sehr wohl die Hoffnung hegten, etwas Wertvolles entdeckt zu haben, und daher den Schuster Khalil Eskander Shahin, besser bekannt unter seinem Spitzname „Kando", ausgewählt hatten, der als illegaler Antiquitätenhändler bekannt war. Von diesem Zeitpunkt an jedenfalls war

Kando Mittelsmann und Schriftrollenhändler in einem, Ansprechperson der Beduinen und zentrale Gestalt in der schrittweisen, kostspieligen und mühsamen Veröffentlichung der antiken Dokumente, der aus der Geschichte der Handschriften heute nicht mehr weggedacht werden kann.

Zwar kannte Kando die Schrift ebenso wenig wie die Beduinen, er hatte aber ein gutes Gespür, an wen er sich wenden konnte, und zeigte die Funde zunächst dem Bischof seiner Kirche, dem Metropoliten der syrisch-orthodoxen Gemeinde in Jerusalem, Mar Athanasius Josua Samuel, der im St.-Markus-Kloster residierte. Die Schriftrollen, welche die Beduinen Kando in Kommission überlassen hatten, weckten sofort das Interesse des Geistlichen, der allerdings – nachdem er wohl schon die eine oder andere Erfahrung mit Kando gemacht hatte – zunächst ihr Alter prüfen wollte. Daher verbrannte Bischof Mar Samuel ein Stück Pergament und stellte zufrieden fest, dass dieses schnell zu Asche wurde. Daraufhin zerrieb er einige kleinere Stücke der Rollen zwischen den Fingern. Da diese sehr bröselig waren, schloss er aus seinen beiden laienhaften Testverfahren auf ein hohes Alter der Dokumente und entschied sich, diese zu erwerben, ungeachtet dessen, dass er ihre Sprache nicht identifizieren konnte. Auch wollte der Bischof den genauen Fundort erfahren, den Mohammed edh Dhib jedoch wohlweislich für sich behielt.

Nicht nur in seinem Interesse nach dem Fundort, auch in seinem Bemühen, die Schriftrollen zu erwerben, wäre das orthodoxe Kirchenoberhaupt aber beinahe gescheitert. Denn als Kando gemeinsam mit zwei Beduinen wenige Tage später wie vereinbart zum Kloster kam, ließ sie der Pförtner nicht zum Bischof durch, da er die „schmutzigen und sehr verwegen aussehenden Menschen“ nicht für die rechte Gesellschaft für seinen Vorgesetzten hielt. Als Mar Samuel wiederum einige Tage später Kando suchen ließ, gab sich dieser gekränkt und zeigte kein Interesse mehr zu verkaufen, weshalb das Geschäft letztlich der Intervention eines weiteren Mittels-

Eleazar Sukenik gründete das Institut für Archäologie an der Hebräischen Universität in Jerusalem. Er war der Erste, der das Alter und den möglichen Ursprung der Schriftrollen einzuschätzen vermochte.

mannes, George Isaiah, bedurfte, um doch noch zustande zu kommen. So war es schließlich bereits Juli 1947, als Bischof Mar Samuel um 24 jordanische Pfund (ca. 100 USD) vier Schriftrollen – und zwar die „Große Jesajarolle", das „Genesis-Apokryphon", die „Gemeinderegel" und den „Habakuk-Kommentar" – erwarb. Kando erhielt damals 33 Prozent des Geldes als Provision, Mohammed edh Dhib kaufte mit seinem Anteil 20 Ziegen, ein Gewehr und eine Frau.

Unterdessen war die Nachricht von den Schriftrollen auch unter den Wissenschaftlern der Hebräischen Universität in Jerusalem bekannt geworden und wenngleich in den letzten Tagen des britischen Mandats in Palästina eine Fahrt von Jerusalem nach Bethlehem für einen jüdischen Professor wie Eleazar Sukenik nicht nur äußerst beschwerlich, sondern zugleich lebensgefährlich war, wagte dieser dennoch den Weg in die Werkstatt des zwielichtigen Schusters und konnte von Kando drei weitere Rollen kaufen, nämlich die „Kriegsrolle", die „Lobliederrolle" und eine zweite unvollständige Kopie des Buches Jesaja. Eleazar Sukenik war vermutlich der Erste, der das wahre Alter und den unermesslichen Wert der Rollen zu erkennen vermochte bzw. ihre Sprache (Althebräisch) lesen und verstehen konnte. Wenig später bemühte er sich auch, die übrigen vier Rollen von Mar Samuel zu erwerben. Der erste Versuch im Februar 1948 misslang allerdings, weil der Professor keinen Kredit von seiner Bank erhielt und Kando, wiederum als Mittelsmann, nun bereits an die 2000 Pfund (fast 5000 USD) verlangte. Als Eleazar Sukenik durch eine Stiftung das Geld schließlich aufbringen hätte können, waren Kando und Mar Samuel nicht mehr bereit zu verkaufen. Sie hatten in der Zwischenzeit eine Ahnung davon bekommen, wie viel die Manuskripte tatsächlich wert waren bzw. einbringen konnten. Eleazar Sukenik aber starb 1953, ohne die vier Rollen von Mar Samuel noch einmal gesehen zu haben und in der traurigen Überzeugung, dass diese für das jüdische Volk endgültig verloren seien.

1948, nach dem Ende des Zweiten Weltkrieges, wird Palästina als Folge der Marshall-Pläne geteilt. Die arabischen Staaten akzeptieren die Trennung nicht, ein neuer Krieg bricht aus, Ost-Jerusalem, Bethlehem und das Gebiet um das Tote Meer werden vom jordanischen Staat annektiert. Um Gewissheit über den Wert seiner Antiquitäten zu erhalten, wandte sich Mar Samuel in dieser Situation an die American School of Oriental Research (ASOR) im jordanischen Jerusalem. Im Februar 1948 traf er dort John C. Trever, einen jungen US-amerikanischen Wissenschaftler, der gerade in Jerusalem ein Forschungsjahr absolvierte. Ihm ermöglichte es der Bischof, die Rollen zu untersuchen und manche Teile sogar zu fotografieren. Gemeinsam mit William Brownlee und dem Leiter des Institutes, Millar Burrows, identifizierte Trever den Text der

Jesajarolle und datierte ihren Ursprung in das 1. bzw. 2. Jahrhundert vor Christus. Weiters ließ der Amerikaner seinem Landsmann William F. Albright, Archäologe und Inschriftenforscher von der Baltimore University, einige der Bilder zuschicken, woraufhin dieser die Schätzung Trevers bestätigte. Mehr und mehr Forscher waren nun bereits in das Phänomen der Schriftrollen involviert. Die erste Presseaussendung zu den Manuskripten vom Toten Meer wird am 12. April 1948 von der Londoner Times veröffentlicht.

Die erste Meldung über den Schriftrollenfund
„Antike Manuskripte in Palästina gefunden. Die früheste uns bekannte Kopie des Propheten Jesaja. Die Universität von Yale verkündete gestern die Entdeckung der ältesten bekannten Handschrift des Buches Jesaja in Palästina. Sie wurde im syrischen Kloster von St. Mark in Jerusalem gefunden, auf einer Pergamentrolle geschrieben, die gegen Ende des 1. Jh. v. Chr. datiert werden kann. Sie wurde durch Wissenschaftler der American School of Oriental Research in Jerusalem identifiziert. Auch drei andere Handschriften wurden dort untersucht. Bei einer handelt es sich um einen Kommentar zum Buch Habakuk, eine andere scheint die Disziplinregel einer mönchartigen Gemeinschaft zu sein, wahrscheinlich der Essener. Die dritte Rolle wurde nicht identifiziert."

Times, 12. April 1948

Was die Welt der Wissenschaft betrifft, gab ein erster Beitrag in der September-Ausgabe der Zeitschrift „Biblical Archeologist" eine knappe Beschreibung der Rollen sowie einige Notizen zu ihrer Entdeckung. Im Oktober erschien ein weiterer Artikel im „Bulletin of the American School of Oriental Research".

Da in den Kampfhandlungen auch sein Kloster bombardiert worden war, hatte sich Bischof Mar Samuel unterdessen mit seinen vier Schriftrollen in die USA abgesetzt, wo er – um die Missionstätigkeit seiner Kirche zu finanzieren – versuchte, die Rollen zu veräußern. Trotz mehrerer Aufstellungen fand sich jedoch kein Käufer. Mar Samuel bot seine Schriftdokumente zu einem hohen Preis an, weshalb sie längst als unkäuflich galten. Am 1. Juni 1954 schaltete der Bischof eine weitere Anzeige im Wall-Street-Journal, um die vier Rollen um 250 000 USD zu verkaufen, und diesmal hatte er Erfolg. Yigael Yadin, der Sohn von Eleazar Sukenik, Archäologe und ebenfalls Professor an der Hebräischen Universität in Jerusalem, befand sich gerade für eine Vorlesungsreihe in den USA und machte ein Kaufangebot. Der Bischof war Israel gegenüber jedoch feindlich gesinnt und auch der arabische Geheimdienst wollte einen Kauf seitens Israels verhindern. Von wissenschaftlicher Leidenschaft wie dem Wunsch beseelt, das Werk seines toten Vaters fortzuführen, ließ sich Yadin aber nicht so leicht abschrecken und machte einen weiteren Anlauf. Als anonymer Bankinteressent bekundete er abermals Interesse und hatte diesmal Erfolg. Die jüdische Gemeinde in den USA war bereit, das Geld auszuborgen, die israelische Regierung gab ebenfalls ihren Sanktus und so ging der Verkauf der vier Schriftrollen am 1. Juli 1954 im New Yorker Nobelhotel Waldorf Astoria erfolgreich über die Bühne.

Wege und Umwege der Veröffentlichung

Als im November 1948 ein Exemplar des „Bulletin of the American School of Oriental Research“ in Jerusalem eintraf, war die Überraschung von Lankester Harding und Pater Roland de Vaux sehr groß. Der Direktor des Altertumsministeriums des jordanischen Staates und der Präsident des Kuratoriums des Archäologischen Museums Palästinas erhielten auf diese Weise zum ersten Mal Nachricht über die sensationellen Funde vom Toten Meer, welche die Finder gemäß dem jordanischen Gesetz der Regierung unverzüglich hätten melden und – vor allem – abgeben müssen. Die Beduinen hatten jedoch nicht nur diese Pflichten vernachlässigt, sie hatten auch die genaue Position der Fundhöhle nicht verraten. Daher dauerte es noch einige Wochen, bis Höhle 1 im Januar 1949 dank der Intervention eines belgischen Offiziers der in Palästina stationierten UNO-Truppe entdeckt wurde. Von diesem Zeitpunkt an begannen Lankester Harding und Pater Roland de Vaux, der mit der „École biblique et archéologique française" in Jerusalem eine auf archäologische Forschung spezialisierte Hochschule leitete, erste offizielle Ausgrabungen zu planen und durchzuführen.

Als Roland de Vaux die Höhle mit seinem wissenschaftlichen Team erreichte, bot sich ihnen ein verheerender Anblick. Infolge der illegalen „Ausgrabungen" bzw. Plünderungen durch die Beduinen war Höhle 1 völlig verwüstet, sodass die Archäologen nur noch an die 70 Fragmente und Scherben von etwa 50 Tonkrügen sicherstellen konnten. Nach ihrer Schätzung dürften ursprünglich jedoch 70 bis 80 Rollen in der Höhle aufbewahrt gewesen sein. Da bis dato lediglich sieben Rollen der Öffentlichkeit bekannt waren, machten es sich die Wissenschaftler zu ihrer wichtigsten und dringlichsten Aufgabe zu verhindern, dass Schriftrollen an Privatpersonen verkauft würden. Die Suche nach weiteren Rollen bzw. nach Fragmenten führte sie einmal mehr zu Kando. Dieser gab an, keine vollständigen Rollen mehr zu besitzen, war aber bereit, eine ganze Schachtel voller Fragmente zu verkaufen. Da der Wert der Rollen binnen weniger Monate um ein Vielfaches gestiegen war, verlangte Kando mittlerweile für seine Fragmente 10 Pfund pro Quadratzentimeter. Die 1260 Quadratzentimeter, die er den Forschern anbot, kosteten die jordanische Regierung satte 1000 jordanische Pfund (knapp 4000 USD). Kando willigte in den Handel ein und steckte sein Geld mit einem Lächeln und dem inzwischen berühmt gewordenen Satz „Viel Geld für wenig Leder" ein.

Der stark gestiegene Preis für Schriftrollen und Fragmente war der Startschuss für eine regelrechte Schatzsuche seitens der Beduinen, die begannen, ihr Territorium nach Höhlen zu durchforsten und bekannte wie neu entdeckte Höhlen zu untersuchen. Zwischen 1948 und 1950 hatte Professor Eleazar Sukenik zwei der von ihm angekauften Rollen – die Kriegsrolle (1QM) und die Rolle der Loblieder (auf Hebräisch Hodayot, 1QH) – sehr rasch auf Hebräisch publiziert. Zwischen 1950 und 1951 veröffentlichte der ASOR die 1948 von John C. Trever aufgenommenen Bilder der großen Jesajarolle ($1QIsa^{a}$), der Gemeinschaftsregel (1QS) und des Kommentars zum Buch Habakuk (1QpHab). Die vierte noch im Besitz von Bischof Mar Samuel befindliche Rolle war auf Aramäisch verfasst und unterdessen unter dem Namen „Genesis-Apokryphon" bekannt geworden, jedoch derart „gründlich" verklebt, dass es als unmöglich galt, sie zu entrollen. Erst 1955 gelang es nach monatelanger mühsamer Kleinarbeit in Jerusalem, das Genesis-Apokryphon zu öffnen und dank infraroter Strahlen auch zu lesen.

Die Benennung der Schriftrollen

Mit den ersten wissenschaftlichen Untersuchungen der Schriftrollen begann man zugleich diese zu benennen. Manche Namen wie z. B. die „Große Jesajarolle" waren naheliegend und haben sich bis heute gehalten, andere wurden verändert und wieder andere standen im Hebräischen rasch fest, sind in ihrer deutschen Übersetzung aber nach wie vor in unterschiedlichen Varianten erhalten. Die ersten sieben Rollen erhielten einen Namen, der ihrem Inhalt entsprach, in der abgekürzten Form steht an erster Stelle die Zahl „1", mit der angezeigt wird, dass die Handschrift aus der ersten Höhle stammt. Bei 1QS – auf Hebräisch „serek hajahad" – handelt es sich um die „Gemeinderegel", 1QM – hebräisch „milhama" – ist die „Kriegsrolle". Als sich die Funde mehrten, wurden anstelle von Eigennamen Zahlen

vergeben, wenngleich die Eigennamen als inoffizielle Bezeichnung weiterhin bestehen blieben.
Da mit der Zeit nicht nur in der Nähe von Qumran, sondern auch in anderen Gebieten Schriftrollen gefunden wurden, einigte man sich weiters, auch den Fundort in Form einer Abkürzung anzugeben. Die elf Höhlen in der Nähe von Qumran wurden außerdem mit einer Zahl von 1 bis 11 nummeriert. 11Q19 ist demnach das neunzehnte Dokument aus der elften Höhle von Qumran und ist allgemein als „Tempelrolle“ bekannt. Bei 4Q203 handelt es sich um das 203. Schriftstück aus Höhle 4, welches aus einem Teil des „Henoch-Buches“ besteht. 3Q15 stammt aus der dritten Höhle bei Qumran und wird gemeinhin als „Kupferrolle“ bezeichnet. Manuskripte vom Wadi Murabba'at wurden darüber hinaus mit der Abkürzung „Mur“ versehen, jene aus Masada mit der Abkürzung „Mas“. Die biblischen Handschriften schließlich werden durch die Nummerierung der Höhle, den Ort des Fundes sowie die übliche Abkürzung des biblischen Buches ausgewiesen. Sofern mehrere Abschriften ein und desselben Buches vorhanden sind, werden diese mittels eines hochgestellten Buchstabens unterschieden. 4QDeut^{g} ist demnach das siebte Exemplar des biblischen Buches Deuteronomium, das in der vierten Höhle gefunden worden ist. Zuletzt wurden auch alle Fotos der Fragmente, die im Palästinensischen Archäologischen Museum aufgenommen wurden, durchnummeriert, sodass sogar ein Großteil der Fragmente anhand einer „PAM-Nummer“ identifiziert werden kann.

Die Ausgabe der zweiten, nicht vollständigen Jesajarolle (1QIsa^{b}) und die englische Übersetzung der beiden anderen von Sukenik angekauften Rollen erschienen erst im Jahr 1954 nach seinem Tod. Die übrigen Fragmente aus Höhle 1 wurden dann verhältnismäßig schnell veröffentlicht, und zwar im Jahre 1955 im ersten Band der ad hoc ins Leben gerufenen

Reihe „Discoveries in the Judean Desert“ (DJD). Die Fachwelt reagierte begeistert.

Etwa einen Kilometer südlich von Höhle 1 lag die alte, bereits bekannte Ruinenstätte von Qumran. 1951 begannen Lankester Harding und Roland de Vaux ihre erste Ausgrabung in Qumran, wobei sie von Anfang an davon überzeugt waren, dass die Ruine und die Schriften in einer engen Verbindung zueinander stehen mussten. Im gleichen Jahr traten abermals Beduinen an die Wissenschaftler heran, die weitere beschriftete Fundstücke verkaufen wollten, welche aus den Höhlen nahe dem Wadi Murabba'at, einer Ortschaft zwischen Qumran und En Gedi, stammten. Als nicht weit von Höhle 1 wiederum Beduinen eine zweite Höhle entdeckten, die einige Fragmente von Schriftrollen enthielt, reagierte die jordanische Behörde, die es allmählich leid war, den das Gesetz missachtenden Nomaden die wertvollen Textzeugnisse abkaufen zu müssen, mit einer flächendeckenden, groß angelegten Suchaktion. Ihr Bemühen wurde mit Erfolg belohnt. Im März 1952 wurde Höhle 3 entdeckt und mit ihr die so genannte „Kupferrolle“, die aufgrund ihres Materials einzigartig ist und ein Verzeichnis von Schatz-Verstecken beinhaltet.

Die größte und rentabelste Entdeckung gelang jedoch einmal mehr den Beduinen, als sie im September 1952 bemerkten, dass nur wenige Meter von den Qumran-Ruinen entfernt eine Höhle lag, die von den Wissenschaftlern als Höhle 4 gekennzeichnet wurde. In ihr fanden sie Reste von mehr als 600 verschiedenen Schriften, jedoch keine einzige vollständige Rolle. Sie selbst – und auch noch die Archäologen nach ihnen – sammelten mehr als 40 000 Fragmente. Die Beduinen verkauften ihre Funde in Jerusalem. Am Fundort selbst arbeiteten sie in Schichten, um die Höhle so schnell wie möglich zu plündern, und als Lankester Harding endlich mit einer Militäreskorte zur Stelle war, konnte er nur noch beobachten, wie eine Gruppe von Beduinen die Flucht ergriff. Die Archäologen mussten sich – nicht zum ersten und nicht zum letzten

Mal – mit dem begnügen, was die Beduinen übrig gelassen hatten. Die Beduinen aber erhielten allein für die ersten beiden Lieferungen von Material aus Höhle 4 an die 15 000 jordanische Pfund (rund 61 000 USD). Bis 1955 konnten sechs weitere Höhlen ausfindig gemacht werden, die aber allesamt nur wenig beschriftetes Material enthielten. 1957 machte sich ein Archäologenteam an die Erforschung der zweitgrößten und letzten Höhle (Nummer 11), die zuvor allerdings bereits von Beduinen ausgekundschaftet worden war.

Die gewaltigen Mengen an Material, die nach und nach aufgetaucht waren, wurden in Ost-Jerusalem im Rockefeller-Museum, dem Archäologischen Museum Palästinas (PAM), gesammelt, das damals auf jordanischem Gebiet lag. Eine kleine Gruppe von Wissenschaftlern begann nun unter schwieri-

Höhle 4 gehört zusammen mit den Höhlen 5–10 zu jener Gruppe an Höhlen, die nur durch die Siedlung zu erreichen waren. Dieser Umstand ist ein starkes Argument für eine Beziehung zwischen der Siedlung und den Schriftfunden.

gen, dem Alter und Zustand der Funde nicht angemessenen Bedingungen zu arbeiten. Die Luftfeuchtigkeit wurde nicht kontrolliert, die Fragmente unvorsichtig behandelt, die finanziellen Mittel waren sehr begrenzt und das nötige Arbeitsmaterial fehlte oft. Nichtsdestotrotz setzte man allen Ehrgeiz daran, aus den rund 40000 Fragmenten die ursprünglichen Schriftrollen zu rekonstruieren, das „größte Puzzle der Welt" begann.

Für diese Tätigkeit wurde im Keller des Archäologischen Museums Palästinas ein Schriftrollensaal eingerichtet. Die Fenster standen während der Arbeit fast immer offen, die Fragmente lagen ohne jeglichen Schutz auf den Tischen, sodass Luftfeuchtigkeit und Licht nicht wenige von ihnen schwer schädigten. Klebebänder, Klebstoff und sogar Briefmarkenstücke wurden eingesetzt, um zusammengehörende – bzw. vermeintlich zusammengehörende – Fragmente miteinander zu verbinden oder sie zu verstärken. Es gibt sogar Fotografien, welche die Wissenschaftler beim Essen und Rauchen in unmittelbarer Nähe der Rollen zeigen. Unterdessen sammelte Kando, der immer noch als Mittelsmann zwischen Museum und Beduinen agierte, eine große Zahl von Fragmenten aus Höhle 4 in einer Kiste, um sie später weiterzuverkaufen. Als Versteck hob er im Hof seines Hauses eine Grube aus und schüttete die Kiste, in der Hunderte von Fragmenten aufbewahrt waren, mit Erde zu. Damit wähnte er seinen Schatz in Sicherheit, hatte aber nicht mit der Feuchtigkeit gerechnet, die den wertvollen Inhalt der Kiste im Winter 1952/1953 in einen gelb-braunen, unbrauchbaren Matsch verwandelte.

Das erste Herausgeberteam

Von 1953 bis 1954 stellte Roland de Vaux, der damals gerade Präsident des Museumsausschusses war und als Chefherausgeber der Fragmente von Höhle 4 gewählt worden war, ein Team von Wissenschaftlern zusammen, die sich mit der Publikation der Texte aus Höhle 4 befassen sollten. Diese Arbeitsgruppe bestand zunächst aus sieben Personen, wobei die Zusammenstellung des Teams nach strikten Regeln erfolgte. Das Archäologische Museum Palästinas nämlich wurde damals von verschiedenen internationalen und nationalen Institutionen finanziert bzw. betrieben, die in Palästina biblische und/oder archäologische Forschung betrieben: Bei diesen Partnereinrichtungen handelte es sich um die Britische Archäologische Schule, die Amerikanische Schule für Orientforschung (ASOR), das Deutsche Evangelische Institut für Altertumswissenschaft des Heiligen Landes, die von den Dominikanern geführte École biblique, das französische Centre National de la Recherche Scientifique (CNRS) und die Israel Exploration Society, deren Mitglieder sich aufgrund des Einreiseverbotes durch die jordanische Regierung aber nicht an dem Forschungsprojekt beteiligen konnten. Außerdem wurde es von der privaten Rockefeller-Stiftung mitgetragen. Jede dieser Institutionen nun durfte ein Mitglied in das Forscherteam entsenden, wobei diese Zuweisung relativ rasch gelockert wurde.

Der erste Forscher des Teams war Frank Cross Jr., ein junger Assistent von Professor William Albright, der vom ASOR beauftragt wurde und seine Arbeit im Mai 1953 begann. Die École biblique entsandte im September 1953 Jozef Milik, obwohl dieser kein Dominikaner war. Gegen Ende des Jahres 1953 kam aus Manchester John Allegro hinzu, der vom Britischen Institut beauftragt wurde. Zuletzt komplettierten das Team im Jahre 1954 Jean Starcky vom CNRS, Patrick J. Skehan vom ASOR, John Strugnell vom Britischen Institut und Claus-Hunno Hunzinger vom Deutschen Evangelischen Institut. Jüdische und israelische Gelehrte durften aufgrund der politischen Lage bzw. der Unstimmigkeiten zwischen Israel und Jordanien das jordanische Territorium nicht betreten und kamen somit als Mitglieder des Forschungsteams nicht in Frage. Als unmittelbarer Ansprechpartner der Forschergruppe bei der jordanischen Regierung fungierte Lankester Harding (1901–1979).

Bei den Ausgrabungen der Qumran-Siedlung und der Erforschung von Höhle 1 arbeitete Lankester Harding im Speziellen mit Pater Roland de Vaux (1903–1971) zusammen, der seitens des Museumskuratoriums als direkter Leiter des Teams eingesetzt wurde. De Vaux war ein französischer Dominikanerpriester, der von 1945 bis 1965 die archäologische Schule École biblique in Jerusalem leitete. Sein Werk „Archaeology and the Dead Sea Scrolls" gilt auch heute noch als grundlegender Bericht zu den Ausgrabungen von Qumran, einen abschließenden Grabungsbericht hat der Pater, der von 1953 bis kurz vor seinem Tod Chefherausgeber der Schriftrollen war, jedoch nicht publiziert. Wie stark die Kontrolle war, die de Vaux über die Mitglieder des internationalen Teams hatte, bzw. wie groß deren Eigenständigkeit war, ist schwierig zu klären. Wahrscheinlich dürfte sein Einfluss aber nicht allzu groß gewesen sein, da sich die meisten Forscher weder Pater Roland de Vaux noch der École biblique in irgendeiner Weise verpflichtet fühlten.

Das erste Mitglied des Teams war, wie bereits erwähnt, der 1921 geborene Wissenschaftler Frank Cross Jr. aus den USA. Er war Presbyterianer und für die biblischen Texte zuständig. Sein Interesse galt besonders der Textkritik und der historischen Entwicklung des biblischen Textes. Frank Cross Jr. war zugleich der Verantwortliche für den Großteil der paläografischen Datierungen der Schriften. Im Anschluss an seine Tätigkeit im Schriftrollenteam wurde er Professor an der renommierten Harvard University. Sein Kollege Jozef Milik (1923–2006) stammte aus Polen und war römisch-katholischer Priester. Milik galt zwar als großartiger Wissenschaftler, war jedoch ein schwieriger Mensch. Seine besondere Begabung war das Rekonstruieren und Entziffern von stark beschädigten Fragmenten. Obwohl Jozef Milik schwere Alkoholprobleme hatte, blieb er noch bis zum Beginn der 1980er Jahre im Forschungsteam, bevor er sich in Paris niederließ und schließlich heiratete.

John Marco Allegro (1923–1988) war von der Universität in Manchester entsandt und für die exegetischen Texte zuständig. Er stammte aus einer jüdischen Familie, deklarierte sich aber als Agnostiker. Er war ein begnadeter Redner, Schreiber und ein leidenschaftlicher Fotograf. Aufgrund seiner eigenwilligen, nicht immer wissenschaftlich begründbaren Ansichten geriet er rasch in Streit mit den übrigen Mitgliedern der Forschergruppe und publizierte die Ergebnisse seiner Arbeit daher nicht in deren offiziellen Reihe, sondern in verschiedenen Fachzeitschriften. Unter anderem war es sein Ziel nachzuweisen, dass das Christentum nicht auf Jesus Christus zurückgehe, sondern eine innerjüdische Abspaltung war. Für seine Beweisführung hielt er sich nur sehr marginal an die Grundregeln der Wissenschaft, ähnlich auch in seinem 1970 erschienenen Buch „The Sacred Mushroom and The Cross" (Der heilige Pilz und das Kreuz), in dem er behauptete, Jesus sei nicht gestorben, sondern – infolge einer Pilzvergiftung – lediglich scheintot gewesen.

Der größte Gegner von John Marco Allegro war John Strugnell (1930–2007), Brite und Presbyterianer, der für die nichtbiblischen Texte zuständig war und 1984 zum Chefherausgeber ernannt wurde. John Strugnell war auch der Erste, der sich bemühte, das Team zu vergrößern. Was die übrigen drei ursprünglichen Mitglieder des Teams betrifft, so verließ Claus-Hunno Hunzinger (geb. 1929) die Gemeinschaft relativ rasch und wurde 1958 von Maurice Baillet ersetzt. Jean Starcky (1909–1988) war für die aramäischen Texte zuständig, publizierte jedoch in äußerst geringem Ausmaß, weshalb 1974 Pater Émile Puech seinen Platz einnahm. Patrick J. Skehan (1909–1980) wiederum gelang es nicht einmal, seine Arbeit an einigen wenigen biblischen Texten noch vor seinem Tod zu vollenden.

Professor Claus-Hunno Hunzinger beschreibt die Arbeit des Herausgeberteams:
„Stellen Sie sich vor, Sie finden auf dem Dachboden Ihres Hauses eine alte Truhe. Ihr Inhalt: 600 Liebesbriefe an Ihre Urgroßmutter von mehreren verschiedenen Verehrern. Natürlich lesen Sie die Briefe nicht, sondern zerreißen sie in 100 000 kleine Fetzen, mischen dann alles gründlich, und – das ist das Schlimmste – verbrennen 80 Prozent der Fragmente. Aus dem Rest rekonstruieren Sie die Liebesbriefe, deren Inhalt und versuchen, Informationen über die Verfasser, ihre Lebensumstände und über ihre Urgroßmutter zu rekonstruieren. Genau das war unsere Arbeit an den Fragmenten – leider hatten wir es mit unvokalisierten, hebräischen und aramäischen Texten zu tun. Die Arbeit war mühsam und ging nur schrittweise voran. Und doch ließ sich in sorgfältiger Kleinarbeit das Material nach den verschiedenen Schreiberhänden auseinandersortieren, Zusammengehöriges zusammenfügen und der Inhalt der so ermittelten Handschriften bestimmen."

Das erste Ziel der Forschungstätigkeit war es, die Fragmente zu fotografieren und die so entstandenen Abbildungen zu veröffentlichen. Zu diesem Zweck wurden die Fragmente, die teilweise kleiner waren als eine Briefmarke, mit Wasser befeuchtet, dann nach Art und Farbe des beschriebenen Materials bzw. nach der Tintenfarbe und der jeweiligen Handschrift sortiert, unter Glas gelegt und schließlich fotografiert. Da zu Beginn des Forschungsprojektes die rund 50 000 Teile und Teilchen der Handschriften noch nicht einzelnen Wissenschaftlern zugewiesen waren, verlief die Arbeit überaus langsam. Wenngleich Roland de Vaux katholischer Priester war, hatte man das von ihm geleitete Team doch international und interreligiös zusammengesetzt. Außer dem Dominikanerpater waren mit Milik, Skehan und Starcky nur noch drei weitere Mitglieder Priester. Jedoch beging man den Fehler, in der Öffentlichkeit gestellte Fotos zu verbreiten, welche die Wissenschaftler bei ihrer Arbeit in schwarzen Talaren zeigten (die sie bei ihrer Tätigkeit im Schriftrollensaal de facto nie getragen haben). Wegen des schleppenden Fortschritts der Publikationen und der Überflutung der Medien mit derartigen Bildern entstand schließlich der Eindruck einer vom Vatikan gesteuerten und von den ehrwürdigen Patres in ihren schwarzen Soutanen dirigierten Verschwörung, eine These, die sich bis heute gehalten hat.

Gegen Ende der 1950er Jahre bemühte man sich daher seitens der Wissenschaftler um eine straffere Struktur, von der man hoffte, man würde nun schneller mit Erfolg belohnt: Jedes der Mitglieder nämlich suchte sich nun eine Handschriftengruppe aus, die ihn besonders interessierte und für deren Publikation der Betreffende fortan zuständig war. Allerdings hatten nur Milik, Starcky und Strugnell die Möglichkeit, das ganze Jahr über in Jerusalem zu bleiben, die übrigen Wissenschaftler arbeiteten lediglich in den Ferien bzw. in ihrer Freizeit an den Fragmenten. Nichtsdestotrotz waren 1956 an die 330 – auf 420 Glasplatten verteilte – Handschriften identifiziert, 80 Glasplatten warteten noch darauf. 1960 hatte man dann 551 Handschriften auf 620 Glasplatten sortiert und mit Sicherheit einem Werk zugewiesen.

Rekonstruktion einer Handschrift aus Fragmenten
Die Rekonstruktion der Handschriften aus Höhle 4 wurde zu Recht als das größte Puzzle der Welt bezeichnet. Erschwerend war dabei die Tatsache, dass nicht alle Teile vorhanden waren. Um die Fragmente zu identifizieren, die zur selben Handschrift gehörten, wurden die Schriftart, die individuelle Handschrift der Schreiber, die Farbe, der Zustand und die Qualität des Pergamentblattes ausgewertet. Eine Zuweisung nach dem Inhalt war erst in einem zweiten Schritt möglich. Um den Text zu rekonstruieren, musste man die Fragmente weiters ordnen und

zusammensetzen. Durch die Analyse von Schadensmustern konnte man bestimmen, ob ein Fragment am Beginn oder eher gegen Ende einer Schriftrolle zu positionieren war. Trotz diesem ausgeklügelten wissenschaftlichen Verfahren gelang es nicht, alle Fragmente zuzuweisen, manche von ihnen konnten nicht einmal identifiziert werden.
1995 wurde in den Medien berichtet, dass Mikrobiologen der Brigham Young University – zum Zweck einer sicheren Zuweisung der Fragmente – eine ausführliche DNS-Analyse von manchen, bisher nicht identifizierten Rollenteilen vorgenommen hatten. 2004 wurde eine ähnliche Meldung veröffentlicht, die Verfahren haben jedoch bis heute keine nutzbaren Ergebnisse gebracht.

Zwischen 1957 und 1960 wurden mit Raymond Brown und Joseph Fitzmyer zwei junge Wissenschaftler berufen, die sich vorwiegend um die Erstellung einer Konkordanz – d. h. einer Auflistung aller in den Fragmenten vorkommenden Worte – bemühen sollten. 1958 wurden dann die letzten Fragmente aus Höhle 4 angekauft. Der Erwerb der ständig teurer werdenden Fragmente hatte das Museum jedoch beinahe ruiniert und als die Rockefeller-Stiftung im Jahr 1960 ihre finanzielle Unterstützung einstellte, spitzte sich die Situation dramatisch zu. Zwar konnten manche der Forscher auf Stipendien ihrer Herkunftsuniversitäten zurückgreifen, doch war schlicht und einfach kein Geld mehr vorhanden, noch weitere Fragmente zu erstehen.

Bereits Mitte der 1950er Jahre hatte der jordanische Staat zudem begonnen, Fragmente zu veräußern, um dadurch die weitere Arbeit an den Publikationen zu finanzieren. Die McGill-Universität in Montreal, die Universitäten von Manchester und Heidelberg, aber auch der Vatikan und das McCormik Theological Seminary in Chicago kauften manche Handschriften, mussten sich jedoch verpflichten, ihre Veröffentlichung sowie die ausschließliche Nutzung im Interesse der Allgemeinheit zu gewährleisten. Als 1961 Jordanien alle Funde verstaatlichte, war es für die Käufer nicht mehr möglich, zu den von ihnen erworbenen Fragmenten zu kommen. Diese blieben noch bis 1966 im Rockefeller-Museum, selbst als das Museum verstaatlicht wurde bzw. bevor es 1967 als Kriegsbeute in die Hände der Israelis fiel.

Die Konkordanz der Handschriften aus Höhle 4
Gegen Ende der 1950er Jahre begannen vier junge Forscher ein Werk, das im Hinblick auf die Verbreitung der Texte unter jenen Fachleuten, die noch keinen Zugang zu den Originalen hatten, bedeutsam zu werden versprach, nämlich eine alphabetisch geordnete Liste aller Worte, die in den Schriftfragmenten vorkommen. Unter der Leitung von Joseph Fitzmyer arbeiteten Raymond Brown, William Oxtoby und Javier Teixidor beinahe fünf Jahre lang an der Erstellung von Wortkarteien. Jede Karteikarte enthielt das aufzulistende Wort mit der Indikation des Fragmentes, aus dem es stammte, und zusätzlich – soweit vorhanden und noch dazu lesbar – das vorangegangene und das folgende Wort. Dieses Verzeichnis hätte als Hilfe bei der Übersetzung der Texte dienen sollen.
Als in den 1980er Jahren die Proteste gegen die sehr zögerlichen Fortschritte in der Publikation ihren Höhepunkt erreicht hatten, wurden diese Karteien unerlaubt kopiert und an rund 200 Bibliotheken bzw. Forscher weltweit verteilt. Dank dieser Nacht-und-Nebel-Aktion gelang es Ben Zion Wacholder und seinem Assistenten Martin Abegg, einige Texte aus Höhle 4 zu rekonstruieren. Und in den 1990er Jahren hatten hebräisch- und aramäisch-kundige Forscher zumindest mehrere solcher rekonstruierter Texte zur Verfügung. Sicherlich waren und blieben diese Schriften Rekonstruktionen, deren Qualität stark von der Genauigkeit jener Wissenschaftler abhängig war, welche die Karteikar-

ten erstellt hatten. Dennoch waren diese Rekonstruktionen weit mehr, als was die meisten Herausgeber bis zu diesem Zeitpunkt bewerkstelligt hatten.

Nach wie vor ging die Tätigkeit der Wissenschaftler sehr langsam voran, unter anderem deshalb, weil sie inzwischen begonnen hatten, der wissenschaftlichen Gemeinde statt Bildern Transkriptionen und Kommentare zur Verfügung zu stellen, die zeitaufwändig zu erarbeiten waren und – was schlimmer war – zum Teil auf eher beliebigen Rekonstruktionen basierten. Die gewaltige Menge der Funde war außerdem lange unterschätzt worden, die Forscher hoffnungslos überfordert. Mit der Zeit mehrten sich Streitigkeiten und Animositäten, die nicht selten in der Öffentlichkeit ausgetragen wurden und die Befürchtung, das Team könnte auseinanderbrechen, immer konkreter werden ließen. Ganz vehement stellte sich John Marco Allegro gegen die Meinungen der übrigen Mitglieder und machte sich nach der Öffnung der Kupferrolle schließlich auf die Suche nach den darin beschriebenen Schätzen. Jozef Milik seinerseits verbrachte mehrere Monate damit, 114 Seiten Kritik gegen eine Textedition seines Kollegen Allegro zu verfassen, und veröffentlichte in der Zwischenzeit – wenig überraschend – kein einziges der ihm zugewiesenen Fragmente.

Die Tempelrolle und das Ende der Handschriften-Entdeckungen

Im Jahre 1956 fanden Beduinen den Eingang von Höhle 11. Die Höhle, deren Existenz ihren Entdeckern die Fledermäuse mit ihrem Flugverhalten verraten hatten, war vom Kot der Tiere bedeckt und verströmte einen unsäglichen Gestank. Nichtsdestotrotz kämpften sich die Beduinen durch die dicken Schichten an Exkrementen durch und begannen die Höhle zu plündern. Ihr Einsatz sollte sich lohnen, denn zum ersten Mal nach der Entdeckung von Höhle 1 konnten sie nicht nur Fragmente, sondern ganze Schriftrollen sicherstellen. Da sie die Absicht hatten, ihre Funde an das Archäologische Museum Palästinas zu verkaufen, gelang es Pater Roland de Vaux, Höhle 11 relativ schnell zu lokalisieren. Dennoch war er zu wenig schnell gewesen, stand er doch vor einer zwar noch stark verschmutzten, ansonsten aber beinahe leeren Höhle. Einmal mehr gelang es dem Museum über den Mittelsmann Kando, zahlreiche der von den Beduinen angebotenen Fragmente und Rollen zu erwerben. Diese wurden allerdings nicht dem – mit den Fragmenten aus Höhle 4 ohnehin heillos überforderten – Forscherteam anvertraut, sondern zunächst in Safes aufbewahrt.

Wieder einmal hatte der Ankauf der Schriftstücke von Höhle 11 das Museum beinahe in den Ruin getrieben, sodass die Museumsverantwortlichen nun überlegten, durch den Verkauf der Publikationsrechte ihre Finanzen wieder in Schwung zu bringen. Sie gestatteten den Mitgliedern des Forschungsteams daher nur einmal, am 5. September 1957, die Rollen von Höhle 11 kurz zu begutachten, was für die Wissenschaftler sicher umso schmerzlicher war, als sie in ihrer jahrelangen mühsamen Tätigkeit noch keine einzige vollständige Rolle zu sehen bekommen hatten, befanden sich die ersten sieben Rollen aus Höhle 1 doch allesamt in den Händen von Israel. Die Publikation der 1956 entdeckten Psalmenrolle, der Ezechielrolle, des Targums zum Buch Hiob und der Levitikusrolle wurde zwischen 1965 und 1971 durch private Stiftungen oder wissenschaftliche Akademien finanziert. Dabei spielten Universitäten aus den USA und aus Europa eine große Rolle. Sie gaben erstmals einer größeren Zahl an jungen Fachleuten die Chance, sich mit den Rollen aus der judäischen Wüste zu beschäftigen. Ihre Publikationen sind heute angesehene Standardwerke und ihre Namen unter den Qumran-Forschern geachtet: David Freedman, Florentino Garcia Martinez, Adam van der Woude, Edward Herbert.

Die längste und heute weltberühmte Rolle aus Höhle 11 war jedoch nicht unter jenen, die 1956 vom Museum erworben wurden. Seit dem Sommer 1960 war bekannt, dass Kando nicht alle der in seinem Besitz befindlichen Rollen und Fragmente dem Museum verkauft hatte. Dem israelischen Geheimdienst lagen entsprechende zuverlässige Berichte vor, er konnte jedoch im jordanischen Territorium keine Aktionen wagen, die geeignet gewesen wären, die Rolle in das Eigentum Israels übergehen zu lassen. Professor Yigael Yadin gelang es 1962 allerdings, in den USA einige weitere Fragmente aus Höhle 11 zu erwerben, die über Kando und einen Pastor aus Virginia dorthin gelangt waren. Im Rahmen seiner Verhandlungen mit dem amerikanischen Mittelsmann wurde Yadin eine besonders gut erhaltene Rolle für 500 000 USD angeboten, ja nach dessen Aussage standen weitere 15 Rollen zur Veräußerung bereit, sobald dieser erste Verkauf reibungslos über die Bühne gegangen wäre. Schließlich konnte Yigael Yadin um 10 000 USD aber lediglich ein Fragment erstehen, die ganze Rolle blieb bei Kando.

Im Juni 1967 begann der „Sechs-Tage-Krieg", wobei das Gebiet um das Rockefeller-Museum im Zentrum der Kampfhandlungen lag. Yigael Yadin arbeitete zu diesem Zeitpunkt beim israelischen Heer als Berater des Generalstabschefs und konnte wesentlich dazu beitragen, dass das Museum und seine Schriftrollensammlung unbeschädigt eingenommen wurden. Manche Funde waren jedoch noch rechtzeitig abtransportiert worden und sind heute im jordanischen Museum von Amman zu sehen. Der politische Kampf zwischen Israel und Jordanien rund um die Inbesitznahme der Fragmente jedoch ist eine Angelegenheit, die bis heute noch nicht abgeschlossen ist. Die letzte Forderung der jordanischen Regierung an Israel, die unrechtmäßig in Besitz genommenen Fragmente zurückzugeben, datiert vom Januar 2010.

Am 7. Juni 1967 schließlich sah Professor Yigael Yadin die Möglichkeit gekommen, die Rollen, die noch bei Kando in

Bethlehem waren, zu beschlagnahmen. Israelische Geheimagenten machten Kando ausfindig, der nach einem Verhör sein Geheimnis preisgab. In einem Schuhkarton unter dem Fußboden seines Hauses verborgen, lag eine völlig ungeschützte Rolle, in einer Zigarrenkiste hatte Kando weitere Fragmente von dieser Rolle aufbewahrt. Das Schriftstück, welches als „Tempelrolle" Berühmtheit erlangen sollte, war endlich in den Händen von Yigael Yadin, der von da an zehn Jahre lang an ihrer Rekonstruktion und Veröffentlichung arbeiten sollte. 1977 publizierte er die Tempelrolle auf Hebräisch und 1983 auf Englisch.

Yigael Yadin veröffentlichte 1977 die „Tempelrolle" aus Höhle 11. 1964–1965 war er Leiter der Ausgrabungen in Masada, wo er auch einige Schriftrollen fand.

Yigael Yadin
Yigael Yadin (1917–1984) war eine der interessantesten und genialsten Gestalten in der politischen, militärischen und archäologischen Geschichte Israels. Er war der Sohn des Gelehrten Eleazar Sukenik. Yadin war sein Tarnname, der aus der Zeit stammte, als er für die zionistische Untergrundorganisation Hagana aktiv war. Nach seiner Militärzeit widmete sich Yadin wissenschaftlichen Studien und begann – geleitet von seinem Vater – seine eigenen ersten Aktivitäten als Archäologe. Er betrieb Ausgrabungen an bedeutenden Stätten der Region – wie Qumran, Hazor, Gezer und Tel Megiddo. Bei den Grabungen von Masada war er der Hauptverantwortliche, ihm ist der Fund von mehreren Briefen des jüdischen Freiheitskämpfers Bar Kochba (132–135 n. Chr.) in den Höhlen von Nahal Hever zu verdanken, 1970 wurde er Lehrstuhlinhaber des Archäologischen Institutes der Hebräischen Universität von Jerusalem. 1977 veröffentlichte er die kritische Edition der längsten Textrolle, nämlich der Tempelrolle.
Im gleichen Jahr gründete der nach wie vor politisch tätige Professor zusammen mit anderen bekannten Persönlichkeiten die Demokratische Bewegung für Veränderung (DaSch). Viele Menschen sahen damals in Yadin einen mutigen Kämpfer und klugen Gelehrten, der sich damit gewissermaßen als Prototyp eines idealen Israelis anbot, der unbeeinträchtigt von der Versuchung der Korruption das Land auf einen neuen Weg führen könnte. Mit Yadin als Zugpferd gewann die DaSch 15 der 120 Sitze in der Knesset und bildete mit der Likud-Partei eine Koalitionsregierung. Yigael Yadin wurde neuer stellvertretender Ministerpräsident und spielte eine Schlüsselrolle bei jenen Verhandlungen, die zum Camp-David-Abkommen und zum israelisch-ägyptischen Friedensvertrag führen sollten. Er starb am 28. Juni 1984 kurz nach seiner geliebten Frau Carmella in Hadera.

Der ohne Bezahlung seiner Rolle entledigte Schuhmacher Kando brachte später eine Klage gegen das Vorgehen der Israelis und die Beschlagnahmung der Rolle ein. Da sich Kando durch den illegalen Besitz von archäologischen Funden, ihre unsachgemäße Lagerung und die damit einhergehende Beschädigung mehrfach strafbar gemacht hatte, bestand für ihn keinerlei Aussicht, aus dem Prozess siegreich hervorzugehen. Dennoch ließ ihm Israel eine großzügige außergerichtliche Entschädigung von 100 000 USD zukommen, um auf diese Weise mögliche Besitzer von weiteren Rollen zu bewegen, ihre Schätze abzugeben oder an Vertreter der Behörde zu verkaufen. Ungeachtet dieser beachtlichen Ausgabe erwies sich die überfallsartige Aktion gegen Kando dennoch als „Schuss nach hinten". Denn obwohl es damals wie heute als sicher galt bzw. gilt, dass unzählige Fragmente, wenn nicht ganze Rollen, noch im Besitz von Privatpersonen sind, wurden von da an weder dem Staat Israel noch irgendeinem Museum Schriftfunde zum Kauf angeboten.

1967 kam ein Treffen zwischen Frank Cross Jr. und Kando zustande, der dem Wissenschaftler mehrere Schachteln Material zum Kauf anbot, das angeblich aus Höhle 11 bzw. aus der Zeit von Bar Kochba stammen sollte. Das nächtliche Treffen unter einer Brücke in Beirut brachte jedoch kein Ergebnis und Cross, der extra aus den USA angereist war, musste mit leeren Händen zurückkehren. Die versprochenen Fragmente bekam kein Wissenschaftler nach ihm mehr zu Gesicht. Jedoch geht man in der Qumran-Forschung davon aus, dass Kando 1993 – kurz vor seinem Tod – an private Sammler mehr als 2000 Fragmente veräußert hat, die sich nach wie vor in dem Safe einer Londoner Bank befinden. Gerüchte über mindestens drei weitere vollständige und gut erhaltene Rollen wurden in den 1990er Jahren durch John Strugnell verbreitet, der in Umlauf brachte, diese gesehen, aber nicht die Gelegenheit erhalten zu haben, sie zu lesen oder zu fotografieren. Zuletzt berichtete Professor Hanan Eshel 2007 bei einem internationalen Qumran-Kongress in Laibach von mehreren Rollen – darunter einem sehr gut erhaltenen Exemplar des Henoch-Buches –, die angeblich in den Händen eines syrischen Familienclans aus den USA sind.

Kampf um die Rollen: Verschwörung oder Überforderung?

1971 starb Pater Roland de Vaux und Pierre Benoît, ebenfalls Dominikanerpater, wurde sein Nachfolger. Das ursprüngliche Team hatte sich inzwischen zu einer Ansammlung von Einzelgängern entwickelt. Die Tendenz ihrer Arbeit ging dahin, der Öffentlichkeit immer mehr ausführliche Kommentare und Rekonstruktionen der Rollen zu präsentieren und nicht – wie ursprünglich geplant und angekündigt – Bilder und Transkriptionen der Textplatten. Diese Stoßrichtung erreichte 1976 einen (negativen) Höhepunkt, als Jozef Milik einen gewaltigen Kommentar zu den Henochfragmenten publizierte. Er wurde dafür stark kritisiert, denn er hatte einmal mehr der Forschergemeinschaft nicht die Originalhandschriften präsentiert, sondern lediglich seine eigene Rekonstruktion des Textes. Frank Cross, der unterdessen als Universitätsprofessor in den USA eine steile Karriere gemacht hatte, überließ – um dem gegenzusteuern – immer mehr Fragmente seinen Studenten, welche die Schriften in Form von Abschlussarbeiten veröffentlichten und auf diese Weise nicht nur eine seriöse Publikation vorantrieben, sondern auch eine Gelegenheit erhielten, sich als junge Wissenschaftler weltweit zu profilieren.

Jahrzehntelang jedenfalls waren die Handschriftenfragmente aus Höhle 4 eine Art „Privatbesitz" ihrer Herausgeber. Die in der Forschungsgruppe verbliebenen Mitglieder beanspruchten für sich den exklusiven Zugang zu den Fragmenten. Wenngleich das israelische Ministerium für Altertümer seit 1967 die offizielle Aufsicht über die Schriftstücke und ihre Veröffentlichung innehatte, trat keine wesentliche Veränderung in der Arbeitsweise ein. Gegen Ende der 1970er Jahren wurden die Proteste der Öffentlichkeit immer lauter. Mit der Unterstützung der renommierten Zeitschrift „Biblical Archeologist" attackierte Professor David Noel Freedman das Redaktionsteam für die „Ungeheuerlichkeit", dass eine kleine Gruppe von Forschern das ausschließliche Recht für sich in Anspruch nehmen konnte, Inschriftenmaterial zu erforschen und zu publizieren bzw. der wissenschaftlichen Gemeinschaft den Zugang zu diesem wertvollen Quellenmaterial zu verwehren. Sein Vorschlag, zumindest Kopien oder Faksimile zur Verfügung zu stellen, wurde nicht akzeptiert.

Die Herausgeber rechtfertigten sich mit der Angabe anderer Verpflichtungen, Erkrankungen und sonstigen Problemen. Die Begründungen und/oder Ausreden befriedigten die aufgebrachten Fachkollegen aber nicht, denn für mehr und mehr Forscher aus der ganzen Welt blieb unplausibel, welche Verpflichtungen für einen Wissenschaftler wichtiger sein könnten, als Handschriften von derartiger Bedeutung so schnell als möglich zu publizieren. Hinzu kam, dass manche Mitglieder bis zu ihrem Tod wenig oder – wie der 1980 verstorbene Patrick Skehan – gar nichts publiziert hatten, aber auch Alkohol und familiäre Probleme bremsten nach wie vor die Arbeit der Herausgeber. Im Jahr 1985 forderte bei einer internationalen Konferenz zu den Schriftrollen in New York eine eindrucksvolle Zahl renommierter Wissenschaftler die Öffnung der Archive bzw., dass man das Studium der Fragmente einer größeren Gruppe von Forschern ermöglichen sollte. Obzwar die Kampagne von der „Biblical Archeological Review" stark unterstützt wurde, verhallte ihr Appell zunächst ungehört. Denn obwohl Pierre Benoît bereits 1984 seinen Rücktritt vom Posten des Chefherausgebers der DJD bekannt gegeben hatte, änderte sich unter dem zwei Jahre später vom israelischen Altertumsministerium berufenen John Strugnell zunächst wenig.

Mehr noch, der neue Chefherausgeber, John Strugnell, hatte zu diesem Zeitpunkt selbst noch kein einziges der ihm anvertrauten Schriftstücke publiziert. Überhaupt waren seit 1968 lediglich drei Bände mit Fragmenten aus Höhle 4 veröffentlicht worden. Ähnlich wie Frank Cross begann John Strugnell zunächst, einige Fragmente Studenten anzuvertrauen, die diese im Rahmen ihrer Doktorarbeiten auswerten sollten. Etablierten Wissenschaftlern dagegen wurde systematisch der Zugang zu den Funden vom Toten Meer verwehrt. Nach und nach wurden einige wenige von ihnen, die entweder heftig genug protestierten oder gewichtige politische Beziehungen pflegten, als kooptierte Mitglieder in das Forschungsteam integriert und dadurch – als kritische Stimmen – zum Schweigen gebracht.

Trotz dieser Politik, mit der John Strugnell die Arbeitsgruppe laufend auch um israelische bzw. jüdische Wissenschaftler erweiterte, und trotz dem wiederholten Festlegen von Publikationsplänen stagnierte die Veröffentlichungstätigkeit auch unter seiner Führung. Es braucht daher nicht zu überraschen, wenn zeitgleich wüste Spekulationen und eine ganze Reihe unseriöser Skandalbücher zirkulierten. Ohne wissenschaftliches Fundament wurden Verschwörungstheorien aufgestellt, welche die unerklärlichen Verzögerungen in der Veröffentlichung durch verschiedene Komplottvarianten erklären wollten und sich jedenfalls ganz ausgezeichnet verkauften.

Die Verschlusssache Jesus

In den 1990er Jahren wurden mehrere Bestseller veröffentlicht, die sich mit den Schriftrollen vom Toten Meer, mit Qumran und den Ursprüngen des Christentums beschäftigt haben. Das Werk von Michael Baigent und Richard Leigh „The Dead Sea Scrolls Deception" blieb fast zwei Jahre lang ein Verkaufshit und bestimmt auch heute noch die allgemeine Meinung. Die drei Hauptthesen des Buches waren: 1. Auch 40 Jahre nach der Entdeckung der

Schriftrollen sind weniger als 25 Prozent der Rollen publiziert worden. 2. Diese erstaunliche Verzögerung des Publikationsprozesses geht auf Machenschaften des Vatikans zurück. 3. Denn dieser will vertuschen, dass Jesus und die erste Jesus-Gemeinde in Jerusalem Mitglieder einer Untergrundbewegung waren, die aktiv gegen die Römer gekämpft haben.
De facto waren 1990 jedoch beinahe 80 Prozent der Fragmente publiziert. Weiters hatte der Vatikan nie etwas mit der Publikation der Rollen zu tun, die seit 1967 alleinige Angelegenheit des Staates Israels war. Und last but not least lässt sich keine der Rollen auch nur annähernd in eine Zeit datieren, die sich mit der Entstehung und dem Wirken der ersten christlichen Gemeinschaften überschneidet. Alle drei Thesen von Baigent und Leigh sind also unhaltbar oder wissenschaftlich nicht argumentierbar. Dies störte die Leser aber wenig. Das Buch verkaufte sich sehr gut und erfüllte damit wohl auch seinen Zweck.

1991 wurde John Strugnell gekündigt und Emanuel Tov, der damals Professor an der Hebräischen Universität war, wurde sein Nachfolger als Chefherausgeber. Im selben Jahr gelang es Ben Zion Wacholder und seinem Schüler Martin Abegg, mithilfe der illegalen Kopien der Konkordanzkarteien von Fitzmyer und Brown ganze Texte zu rekonstruieren. Sie benutzten ein ad hoc entwickeltes Computerprogramm und erzielten damit so überraschende Erfolge, dass die Ergebnisse ihrer Arbeit zügig von der Biblical Archeology Society veröffentlicht wurden. Ebenso wurden Sätze aus nicht freigegebenen Fotos publiziert, was eine Serie an Klagen nach sich zog, die wegen Plagiats geführt wurden und nicht wenige wissenschaftliche Karrieren zerstörten. Reichlich kurios war das Urteil in dem Gerichtsprozess, den Elisha Qimron – einer der Wissenschaftler, die mittlerweile zum Herausgeberteam gehörten – um die Copyright-Rechte für die Rekonstruktion von 4QMMT führte. Elisha Qimron erhielt darin nicht nur die umstrittenen Copyright-Rechte zugesprochen, nein, er durfte sich nach Abschluss des Verfahrens sogar als Autor der mehr als 2000 Jahre alten Handschrift bezeichnen und erhielt eine ansehnliche Entschädigung für den erlittenen seelischen Schaden.

Emanuel Tov
Emanuel Tov wurde 1941 in Amsterdam geboren. Während der Judenverfolgung im Zweiten Weltkrieg verlor er seine ganze Familie. Nur er selbst wurde gerettet und von einem Onkel großgezogen. Als Mitglied der zionistischen Bewegung Ichud Habonim emigrierte er 1961 nach Israel, wo er Hebräisch, Griechisch und ein Bibelstudium an der Hebräischen Universität absolvierte. Anschließend etablierte er sich rasch als angesehener Textkritiker und Forscher, insbesondere im Bereich der hebräischen Texte des Alten Testaments. 1986 wurde er Professor an der Hebräischen Universität und ersetzte 1991 nach sechs Jahren der Tätigkeit im Herausgeberteam John Strugnell als Chefherausgeber der Schriftrollen. 1991 gründete er die Dead Sea Scroll Foundation für das Studium der Schriftrollen, die er bis 2002 leitete. Unter seiner Führung wuchs das Herausgeberteam auf beinahe 60, auf die ganze Welt verteilte Wissenschaftler an, die bis 2003 weitere 32 Bände publizierten. Emanuel Tov arbeitet derzeit als Professor an der Hebräischen Universität in Jerusalem und erhielt 2009 das Ehrendoktorat der Universität Wien.

Mit der Ernennung von Emanuel Tov setzte endlich eine Verbesserung der unbefriedigenden bis grotesken Situation ein und die Arbeit schritt zügig voran. Das ehemals elitäre Team wuchs auf fast 60 Wissenschaftler an, die weltweit an der Herausgabe der Fragmente aus Höhle 4 arbeiteten. 2002 erschien der 39. und vorläufig letzte Band der DJD mit einer Einführung zum Werk, Inhaltsverzeichnissen und Registern der 38 übrigen Bände mit den kritischen Editionen der Schriften. Insgesamt 27 Bände beschäftigen sich mit Fragmenten aus Höhle 4, wobei allein der Umstand, dass im Jahr 2008 ein Band Nummer 40 herauskam, gezeigt hat, dass die Reihe noch nicht vollendet ist. Denn zum einen hoffen die Qumran-Forscher weiterhin auf die Entdeckung neuer Fragmente, zum anderen sind nun revidierte Editionen bereits veröffentlichter Schriften geplant. Sämtliche Textzeugnisse jedenfalls sind mittlerweile nicht nur auf Mikrofiches, sondern auch auf CD-ROM erhältlich, wobei die rekonstruierten Texte, ihre Übersetzungen und die digitalen Bilder zusammen für etwas mehr als 300 € für jeden zu erwerben sind.

Die „Discoveries in the Judean Deserts"

Die Reihe DJD sollte von Anfang an ein Instrument sein, die Schriftrollen in gebührendem Rahmen zu veröffentlichen, und wurde unterdessen mit dem 39. Band, der Inhaltsverzeichnisse und Register enthält, provisorisch abgeschlossen. Mittlerweile sind aber weitere Bände geplant, die ältere Ausgaben und Rekonstruktionen in einer verbesserten Fassung neu herausbringen sollen. Allerdings sind nicht alle Schriften vom Toten Meer auch tatsächlich in dieser Reihe enthalten, manche wurden selbständig – von anderen Institutionen und Autoren – veröffentlicht. Auch sind Qualität und Formalia der Reihe nicht immer die gleichen geblieben. Oftmals bleiben die Datierungen unbegründet, die alte Standardhypothese wird vielfach unhinterfragt vorausgesetzt. Dennoch ist und bleibt die Reihe für jeden Qumran-Forscher unentbehrlich. Last, but not least, sind beim holländischen Verlagshaus Brill auch CD-ROM-Ausgaben der Rollen samt Rekonstruktion, Originalfotos und englischer Übersetzung publiziert worden.

Unter der Leitung von Professor James Charlesworth wird vom Princeton Theological Seminary in den USA derzeit eine wissenschaftliche Ausgabe ausgewählter Texte vorbereitet, wobei die Textausgaben, Rekonstruktionen und Einführungen der bereits erschienenen Bände oftmals präziser, ausführlicher und dabei neutraler sind als jene der DJD. Übersetzungen der Schriften sind mittlerweile in allen modernen Sprachen erhältlich. Zwischen 2004 und 2007 ist weiters ein Reader erschienen, der die gesamten Texte auf Hebräisch (mit englischer Übersetzung) beinhaltet. Herausgeber dieses sehr nützlichen Arbeitsmittels sind Emanuel Tov und Donald Parry, die zugleich für die Entwicklung einer Computersoftware verantwortlich sind, die es erlaubt, Wortsuche und statistische Analysen innerhalb der Schriftrollen vorzunehmen. Darüber hinaus befassen sich unzählige Monografien mit den Rollen vom Toten Meer, der Siedlung von Qumran und den Beziehungen zwischen Texten und Ortschaft. Drei Fachzeitschriften weltweit publizieren ausschließlich Aufsätze, die einen Bezug zu den Schriftrollen und zur Siedlung aufweisen, jährlich finden mehrere internationale Kongresse statt; ja, es bestehen eine ganze Reihe wissenschaftlicher Vereine, die Qumran-Forscher aus der ganzen Welt vernetzten.

Qumran und Schriftrollen gelten nach wie vor als die archäologische Sensation des vergangenen Jahrhunderts. Die Israel Antiquities Autority plant nun, die zum „Kulturgut der Menschheit" erklärten Qumran-Rollen bis zum Jahr 2015 zu digitalisieren und vollständig im Internet zu publizieren. In Jerusalem wurde 1995 an der Hebräischen Universität das „Orion Center" gegründet, um Forschern aus der ganzen Welt das Studium der Schriftrollen zu ermöglichen. In Holland wiederum befindet sich das 1961 von Adam van der Woude ins Leben gerufene „Qumran Institute", eines der fortschrittlichsten Zentren zur Unterstützung des Studium der Schriftrollen und der archäologischen Erforschung von antiken Siedlungen und Höhlen in Israel. Auch die Stadt Göttingen beheimatet eine international anerkannte Qumran-Forschungsstelle, in Bonn entsteht gerade ein „theologisches Wörterbuch zu den Qumran-Schriften" und in Wien finden regelmäßig Tagungen statt, die dazu beitragen sollen, die Schriftrollen innerhalb ihrer Umwelt besser zu verstehen. Trotz der Fülle dieser und vieler anderer Initiativen hat die wissenschaftliche Aufarbeitung des schier unerschöpflichen Materials aber gerade erst begonnen.

2. Mystiker, Politiker und Revoluzzer: Die antike Welt der Schriftrollen

„Ihr sollt heilig sein, denn ich,
JHWH, euer Gott, bin heilig."
LEVITIKUS 19,2

Eine wichtige Grundlage der modernen Literaturwissenschaft, der Exegese und – nicht minder – der gegenwärtigen Archäologie besteht darin, Texte – bzw. im Fall der Archäologie – Funde nicht für sich allein zu interpretieren, sondern in ihrem Kontext zu begreifen, sprich: ihren zeithistorischen Hintergrund zu berücksichtigen. Was die Bibelwissenschaft betrifft, nennt man diesen zeithistorischen Hintergrund „Sitz im Leben" und meint damit die Rahmenbedingungen, den Hintergrund, vor dem die Texte entstanden sind. Fragt man nach dem Sitz im Leben der Qumran-Siedlung oder der Schriftrollen vom Toten Meer, fällt der Blick zunächst auf die jüdische Gesellschaft nach der Rückkehr aus dem babylonischen Exil (ab 539 v. Chr.) bis zum zweiten jüdischen Aufstand 135 n. Chr., auf die Zeit des Zweiten Tempels also. Im Speziellen richtet sich die Aufmerksamkeit dann auf die konkreten religiösen Praktiken, die innerhalb der unterschiedlichen Parteien und Gruppierungen dieser Zeit Geltung hatten und den religiösen Alltag der Juden geprägt haben.

Vom Exil bis zur Zerstörung des Zweiten Tempels

Die Zerstörung Jerusalems durch den babylonischen König Nebukadnezar im Jahre 587 v. Chr. stellt innerhalb einer Geschichte der Fremdbestimmung des jüdischen Volkes einen negativen Höhepunkt dar und markiert gleichzeitig den Beginn der Exilszeit für das Volk Israel. Unmittelbar auf die Einnahme und Verwüstung Jerusalems, die als strafendes Handeln Gottes und als zwingende Folge der Nichteinhaltung des Gesetzes verstanden wurden, deportierte man die führenden jüdischen Persönlichkeiten – namentlich den Adel, die Priester, einflussreiche Familien, aber auch Händler, Unternehmer, Grundbesitzer und Facharbeiter – nach Babylon, wo sie in einem eigenen Stadtviertel untergebracht wurden. Diese als babylonisches Exil bekannt gewordene Periode endete nach etwa 60 Jahren, als die Perser das Babylonische Reich eroberten. 539 v. Chr. gestattete Kyrus II. den Deportierten die Rückkehr nach Jerusalem bzw. nach Judäa und ebenso den Wiederaufbau des 587 v. Chr. niedergerissenen Tempels.

Sosehr die Heimkehr dieser Menschen nach fast drei Generationen für die Exiljuden selbst ein Ereignis von unvorstellbarer Freude war, erwies sich die daraus erwachsende Konstellation zwischen den ansässigen und den zurückgekehrten Juden doch als durchaus problematisch. Die Exil-Juden nämlich hatten in den langen Jahren der Fremde ihre Identität nur bewahren können, indem sie an einem verschärften, priesterorientierten und stark rituell organisierten Kult festgehalten hatten, wobei die Einführung von Beschneidung und Sabbat als die zwei Haupterkennungselemente gelten können, längst aber nicht die einzigen Extreme jener Lebensweise darstellten. Während also die Exiljuden mit Stolz und Überzeugung an ihrem Brauchtum festhielten, reagierten die in der Stadt Jerusalem verbliebenen Bewohner auf deren kompromisslosen Glauben eher schockiert. Diese Kluft wurde noch tiefer, weil die einflussreichen, meist gebildeten Rückwanderer aus Babylon vom persischen Regime unterstützt wurden, selbstbewusst auftraten und für sich beanspruchten, die einzig rechtmäßigen Bewohner Jerusalems bzw. Judäas zu sein.

In dieser Zeit und angesichts dieser Spannungen begann sich die jüdische Gesellschaft zum ersten Mal stark zu differenzieren. Es entstanden unterschiedliche Riten, Traditionen und sinnstiftende Erzählungen; das Priestertum und die Priesterfamilien beriefen sich auf Aaron, Zadok oder auf Pinhas als Ursprung bzw. Gründergestalt und begannen einen harten Kampf um die Überlegenheit am Jerusalemer Tempel. Die theologischen, sozialen und politischen Verschiedenheiten, die sich in dieser Zeit ausprägten, spiegeln sich in den biblischen Büchern des Alten Testaments ebenso wider wie in den Schriftrollen vom Toten Meer, auch wenn diese erst in einer späteren Zeit entstanden sind.

Die Regierung der Perser zeichnete sich durch eine besonders tolerante Politik aus, welche die örtlichen Obrigkeiten und deren Gesetzgebung akzeptierte, ja sogar unterstützte. Nach der – trotz massiver Auseinandersetzungen innerhalb der jüdischen Bevölkerung – im Jahr 515 v. Chr. schließlich durchgeführten Wiedereinweihung des Tempels wurde gegen 450 v. Chr. vom Perserreich auch die Tora autorisiert, und zwar als offizielles Gesetz des Reiches Judäa. In einem Land, das allein aufgrund der Zahlung von Tributen und Steuern eine geringe, stets gefährdete politische Unabhängigkeit bewahren konnte, entwickelte sich das religiöse Engagement immer mehr als Alternative zur Politik. Der Tempel wurde zum Merkmal der Identität des Volkes und die – vermutlich durch das Perserreich begünstigte – Priesterschaft nahm mehr und mehr an Bedeutung zu. Die Priester waren schließlich nicht mehr bloß für das religiöse Leben zuständig – welches stark vom dualistischen Denken der persischen Religion beeinflusst war –, sondern zugleich für das legislative System; sie durften die Gesetze interpretieren, Steuern einnehmen und diese verwalten.

Als das Perserreich nach der Schlacht bei Issos im Jahr 333 v. Chr. von Alexander dem Großen erobert wurde, lieferte sich auch Judäa kampflos dem neuen Herrscher aus. Nach dem Tod Alexanders wenige Jahre später geriet Judäa für mehr als ein Jahrhundert unter die Herrschaft der Ptolemäer, die sich über das damalige Ägypten und Palästina erstreckte. Diese Periode ist heute als Zeit des Hellenismus bekannt und steht für einen deutlichen wirtschaftlichen und kulturellen Aufschwung sowie für die Auseinandersetzung mit der griechischen Lebenswelt und Sprache. Zum ersten Mal liegen uns aus dieser Epoche Textzeugnisse vor, die von einem bereits stattgefundenen Schisma zwischen Juden und Samaritanern berichten, die am Berg Garizim bei Samaria einen eigenen Tempel hatten bauen lassen. Diese Abspaltung, deren Auswirkungen sich sowohl in den Schriftrollen vom Toten Meer als auch innerhalb des Neuen Testaments niedergeschlagen haben, war vorwiegend religiös motiviert.

In Judäa war dies eine Zeit großer politischer und religiöser Unruhen, insbesondere zwischen den Parteien, die proptolemäisch waren, also Anhänger der Machthaber, und ihren Gegnern, den proseleukidischen Gruppierungen. Schließlich gelang es den Seleukiden, die als Nachfolger von Alexander das syrische Gebiet beherrschten, 198 v. Chr. in der Schlacht von Paneas, die Ptolemäer zu schlagen bzw. die eigene Herrschaft auf Palästina und damit zugleich auf Judäa auszudehnen. Da in den vorangegangenen drei Jahrhunderten jedoch zahlreiche jüdische Familien nach Ägypten oder Syrien geflohen bzw. deportiert worden waren, wurden die Spannungen mit dem Machtwechsel von den Ptolemäern zu den Seleukiden nicht schwächer. Die Juden in der Diaspora – sowohl von Babylon als auch von Ägypten – bildeten ebenso starke wie reiche Gemeinschaften und beeinflussten immer mehr auch die judäische Innenpolitik. Die Bevölkerung war gespalten, ihre Ansichten unterschiedlich, ja, die allesamt im Glauben an JHWH gründenden Lebensweisen in Judäa sowie außerhalb des Landes oftmals geradezu konträr.

Im verdichteten Lebensraum der Städte waren diese Spannungen natürlich noch stärker zu spüren, weshalb in Jerusalem sehr schnell ein politisch-religiöser, zugleich aber auch wirtschaftlich motivierter Machtkampf ausbrach. Auf der einen Seite standen dabei die traditionellen Priesterfamilien, die insbesondere die Landbevölkerung hinter sich hatten, auf der anderen Seite die wohlhabenden, jüngeren Priesterfamilien, die politisch einflussreich waren und im Speziellen von der nichtpriesterlichen Jerusalemer Oberschicht unterstützt wurden. Der Kampf um das Hohepriesteramt und die damit verbundene Kontrolle über die Schatzkammer des Tempels wurde oft blutig ausgetragen. Als mit Onias III. ein Hohepriester von seinen Widersachern ermordet wurde, mischte sich der seleukidische Herrscher Antiochos IV. ein, der in der Zuspitzung der Rivalitäten eine gute Gelegenheit sah, die Macht des Tempels zu seinen eigenen Gunsten zu beschränken und vor allem den Tempelschatz zu plündern. Er verbot in der Folge einen Großteil der religiösen Praktiken und Kulthandlungen. Schließlich errichtete er im Tempel sogar einen Zeusaltar, worauf jedoch ein Bürgerkrieg ausbrach, der gleichzeitig als religiöser Widerstandskrieg gegen die Seleukiden geführt wurde.

Die Anführer der Rebellion gehörten der kleinen, bis zu diesem Zeitpunkt bedeutungslosen Priesterfamilie der Hasmonäer an und sind in Anlehnung an den Spitznamen eines ihrer ersten Befehlshaber, Judas Makkabäus (hebräisch: Hammer), heute auch als Makkabäer bekannt. 164 v. Chr. konnten die Hasmonäer die Wiedereinweihung des Tempels feiern, im weiteren Verlauf des Konfliktes übernahmen sie zunächst das Hohepriesteramt, 104 v. Chr. dann ganz offiziell mit Aristobulus auch das Königtum. Aristobulus' Vater war Johannes Hyrkan, über den man in den Schriften von Qumran ein hymnisches Lob findet. Der Bezug zwischen den Hasmonäern und den Schriftrollen geht aber weit über diesen einen Text hinaus. So geht man in der modernen Qumran-Forschung davon aus, dass der Aufstieg und letztlich auch der Fall der Hasmonäer-Dynastie jenen zeithistorischen Hintergrund bilden, vor dem die große Mehrzahl der Schriftrollen verfasst wurde. Den Hasmonäern war es gelungen, den Tempel wieder in die Gewalt der Juden zu bringen, sie hatten das judäische Territorium vergrößert, die ungeteilte Unterstützung der Gesellschaft fanden sie aber nie.

Der Beginn des Makkabäer-Aufstandes
„Um diese Zeit wohnte in Modiim, einem Dorf Judäas, ein Mann mit Namen Mattathias, ein Sohn des Joannes, des Sohnes Simeon, des Sohnes Asamonaeus. Er war Priester, stammte aus Jerusalem und hatte fünf Söhne. […] Er erklärte ihnen, es sei besser, für die Gesetze des Vaters den Tod zu erleiden als ein so schmähliches Leben zu führen. Als die Beamten, die vom König angestellt waren, um die Juden zur Befolgung seiner Befehle zu zwingen, nach Modiin kamen […] verlangten sie von Mattathias, der seiner Gelehrsamkeit wegen in hohem Ansehen stand, er solle mit dem Opfer beginnen, seine Mitbürger würden sich dann nach ihm richten […]. Mattathias weigerte sich aber […] und als er sah, dass ein anderer Jude das Opfer nach des Königs Vorschrift darbrachte, griff er mit seinen Söhnen zum Schwert, tötete den Juden am Altar, machte den königlichen Beamten und einige Soldaten nieder, stürzte den Altar und rief aus: ‚Jeder, der noch für die Gebräuche unserer Väter und die Verehrung Gottes eifert, folge mir nach!'"

Josephus Flavius, Jüdische Altertümer

Insbesondere die von ihnen praktizierte Personalunion von Hohepriesteramt und Königtum wurde seitens mehrerer Gruppierungen der religiösen Elite abgelehnt. Die infolge dieser Konflikte entstandenen politisch-religiösen Parteien trugen ihre theologischen Auseinandersetzungen häufig durch Bürgerkriege aus. Die wechselnden Herrscher, die außenpolitisch massiv gegen die Samariter vorgingen, ja sogar deren Tempel auf dem Garizim zerstörten, konnten innenpolitisch keine klaren Linien durchsetzen. Sie unterstützten teils die eine, teils die andere Partei, was – wenig überraschend – eine deutliche Schwächung ihrer Macht nach sich zog. In dieser politisch instabilen Zeit flammten immer mehr Fehden zwischen den und innerhalb derselben Priesterfamilien auf. Zahlreiche junge Mitglieder von Priesterfamilien wurden abtrünnig, verließen Jerusalem, beendeten ihren dortigen Tempeldienst und bildeten in anderen Städten Priesterkolonien. In Jericho und En Gedi sind solche Stadtviertel archäologisch belegt, mehr noch: Das gesamte Territorium um Jericho war offenbar eine ausgewiesene Priesterregion. Auch Qumran wurde damals sehr wahrscheinlich von Mitgliedern einer bzw. mehrerer Priesterfamilien bewohnt.

Da die Streitigkeiten um das Hohepriesteramt und um die politische Dominanz in Jerusalem – wie wir bereits gesehen haben – immer wieder zu kriegerischen Auseinandersetzungen führten, trat 63 v. Chr. eine neue Macht auf den Plan, den Konflikten und Kämpfen endlich ein Ende zu setzen. Es handelte sich dabei um dieselbe Macht, die wenige Jahre zuvor das Seleukidenreich liquidiert und Judäa zunächst eine gewisse Autonomie eingeräumt hatte, nämlich Rom. Jener römische General, der die Aufgabe erhielt, der nach wie vor unruhigen Region der Juden die „pax romana" zu bringen, hieß Pompejus. Er profanierte den Jerusalemer Tempel – eine Handlung, welche ihm die Juden nie verzeihen sollten, ja wegen der die Römer innerhalb der Schriftrollen verurteilt werden – und setzte in Jerusalem den römischen Statthalter Gabinius ein. Nachdem Julius Caesar rund 15 Jahre später – nämlich 48 v. Chr. – in Rom die Macht übernommen und Pompejus besiegt hatte, machte er Antipater, den Vater des Herodes, der ihn im Kampf gegen Pompejus unterstützt hatte, zum Statthalter von Judäa.

Alexander Jannäus und sein grausamer Kampf um den Thron

„Der seleukidische König Demetrius rückte mit einem Heer an […], Alexander zog ihm mit 6200 Söldnern und 20 000 Juden entgegen. Als Demetrius siegte, floh Alexander ins Gebirge, wo er 6000 Juden um sich versammelte. Demetrius zog sich darauf aus Furcht vor diesen Anhängern Alexanders zurück. Als die übrigen Juden Alexander angriffen, wurden sie geschlagen und gefangen genommen. Er führte sie nach Jerusalem und als er mit seinen Buhldirnen an einem in die Augen auffallenden Ort schmauste, ließ er 800 jüdische Gefangene, die zu Demetrius gehalten hatten, kreuzigen, und – während sie noch lebten – ihre Frauen und Kinder vor ihren Augen niedermetzeln. So nahm der Aufstand ein Ende und Alexander regierte von nun an in voller Ruhe."

Josephus Flavius, Jüdische Altertümer

Im Anschluss an einen mehrjährigen Bürgerkrieg wurde im Jahr 40 schließlich Herodes, der den Beinamen „der Große" trug, zum König von Judäa bestellt. Wenngleich Herodes erst drei Jahre später seinen Thron besteigen konnte, regierte er 34 Jahre lang friedlich und sehr erfolgreich. Da er Rom auf seiner Seite hatte, konnte er sich innenpolitisch gegen die Hasmonäer behaupten, die ihrerseits immer noch als Hohepriester agierten. Kein anderer Regent setzte seine Hohepriester so häufig ab wie Herodes. Im Hintergrund standen üblicherweise aber keine religiösen Auseinandersetzungen, sondern politische Machtspiele. Indem Herodes durch seine Gnade mächtig machte und Macht entriss, sicherte er sich die breite Unterstützung an einer religiösen Karriere interessierter Juden, die sich ständig bemühen mussten, in seiner Gunst zu bleiben bzw. diese zu verdienen. Um seine eigene Herrschaft zu untermauern, förderte Herodes junge und gebildete Priesterfamilien, die sich mit ihm solidarisierten, und schenkte ihnen Ländereien. Er baute zahlreiche Städte, Aquädukte, kurbelte die Wirtschaft an und ließ den Tempel großzügig renovieren. Zwar findet man in den Schriftrollen vom Toten Meer kaum Anspielungen auf Herodes, sehr wahrscheinlich kann man aber davon ausgehen, dass er implizit überall dort mitverurteilt wird, wo die Hasmonäer angegriffen werden.

Die religiösen Bewegungen, die sich in dieser Zeit formierten, waren mit größter Wahrscheinlichkeit für das Entstehen vieler Schriftrollen verantwortlich. Wenngleich wir ihre Namen nicht kennen, gelingt es dennoch, einen Teil ihrer Ansichten und Überzeugungen aus den Texten zu rekonstruieren, wie etwa die Ablehnung gegenüber dem angepassten Priestertum am Jerusalemer Tempel und die durchwegs unverhohlene Unzufriedenheit mit den römischen Eroberern, die nach dem Tod des Herodes ihren Höhepunkt erreicht haben dürfte. Immer wieder kam es de facto auch zu Unruhen und offen ausgetragenen Massenprotesten gegen die zunehmende Unterdrückung der Bevölkerung. Als der Statthalter Gessius Florus (64–66 n. Chr.) gar den Jerusalemer Tempel plünderte (April 66 n. Chr.), um auf diese Weise nicht beglichene Steuerschulden einzutreiben, eskalierte die Situation. Ein Bürgerkrieg zwischen rom-treuen Hellenisten und national gesinnten antirömischen Juden brach aus und verschaffte damit jenen Kräfte ein Ventil, die seit Jahrzehnten gegeneinander gewirkt hatten und deren sehr unterschiedliche Ansichten aus den Schriften vom Toten Meer klar hervorgehen.

Gessius Florus und der Beginn des Aufstandes gegen die Römer

„[Gessius Florus wurde Statthalter] und er trieb nun einen so schmählichen und nichtswürdigen Missbrauch, dass die Juden gegenüber seiner Niederträchtigkeit noch seinen verdorbenen Vorgänger Albinus als ihren Wohltäter priesen. […] Denn er war so grausam und hartherzig und so unersättlich in seiner Habgier, dass er zwischen wenig und viel gar keinen Unterschied kannte und selbst mit Banditen zu teilen nicht scheute. [...] Kurz, Florus war es, der uns so weit brachte, dass wir den Krieg mit den Römern aufnahmen, weil wir lieber auf einmal als im langsamen Todeskampf untergehen wollten."

Josephus Flavius, Jüdische Altertümer

Als die Zeloten immer mehr Macht und Zuwachs erhielten, sahen die Römer die Zeit gekommen, dem Bürgerkrieg endgültig ein Ende zu bereiten. In den Wirren der Kämpfe setzten sich nicht nur zahlreiche pharisäisch gesinnte Juden, sondern auch einige der ersten christlichen Gemeinden ins Ausland ab und sicherten somit das Überleben des pharisäisch geprägten Judentums sowie des Christentums. Denn als Vespasian, der selbst bereits seit 66 n. Chr. versucht hatte, den jüdischen Aufstand zu unterdrücken, nach dem Selbstmord von Nero 69 n. Chr. Kaiser wurde, beauftragte er seinen Sohn Titus mit der Niederwerfung des Aufstandes in Judäa, der erste jüdische Krieg gegen die Römer begann. Der aggressiven römischen Belagerung konnten die jüdischen Rebellen nicht lange standhalten. Bereits 68 n. Chr. wurde Jericho erobert, kurz danach sehr wahrscheinlich auch die Siedlung von Qumran zerstört. Im Juni des Jahres 70 n. Chr. fiel schließlich auch Jerusalem, der Tempel und der Tempelbezirk wurden zerstört.

Die letzten Widerstandskämpfer verschanzten sich in der Festung von Masada am Toten Meer, wo sie die römischen Angriffe noch bis 74 n. Chr. abwehren konnten. Ihre Hoffnung auf ein göttliches Eingreifen gegen die Römer erfüllte sich nicht und die Belagerung von Masada endete sehr wahrscheinlich mit einem Massenselbstmord, kurz bevor die Römer die Burg eingenommen hätten. Der Umstand, dass auch in Masada Schriftrollen gefunden wurden, die jenen aus den elf Höhlen vom Toten Meer überraschend ähnlich sind, war einer der Gründe, weshalb die Zeloten immer wieder als Autoren der gesamten Sammlung angenommen wurden. Wie in der Folge gezeigt werden wird, spiegeln die Schriftrollen tatsächlich die religiösen Auseinandersetzungen innerhalb des Judentums dieser Zeit wider und damit natürlich auch manche Ansichten der Zeloten, können aber nicht einer einzigen Gruppe zugeschrieben werden. Als Folge des Krieges und der Zerstörung des Tempels entwickelten sich damals neue Glaubenssysteme, darunter das rabbinische Judentum und das frühe Christentum. Die zahlreichen Schriftrollen – und Zeugnisse dieser Zeit – jedenfalls, die wegen des Krieges in den Höhlen nahe der Siedlung von Qumran gelagert worden waren, sollten fast 2000 Jahre versteckt bleiben.

Die Geschichte des jüdischen Widerstandes gegen die Römer aber war mit der Zerstörung des Tempels noch nicht beendet. Unter Kaiser Hadrian (117–138 n. Chr.), der Jerusalem als römische Kolonie mit dem Namen Aelia Capitolina neu errichten wollte, kam es 132 n. Chr. zu einem weiteren Aufstand, dessen Anführer Simon Bar Kochba (hebräisch: Sohn des Sternes) war. Nach drei Jahren des Kampfes wurden Simon Bar Kochba und seine Anhänger besiegt, Jerusalem als römische Stadt aufgebaut und die Juden aus Jerusalem vertrieben.

Von da an sollte es bis zum Ende des 19. Jahrhunderts dauern, bis die Idee eines territorialen Staates Israel in der zionistischen Bewegung wieder aufblühen konnte, und länger noch, bis 1948 die Staatsgründung verwirklicht wurde. Bei der ersten konstituierenden Versammlung des soeben gegründeten Staates Israel fand jedes Mitglied auf seinem Tisch eine Abschrift von Jes 40,1, einem Vers, in dem der Prophet Jesaja dem Volk Gottes Trost zuspricht. Die mit einem knappen Kommentar zum Text versehene Abschrift stammte aus der kleinen Jesajarolle (1QIsa^{b}), die Professor Eleazar Sukenik Ende Dezember 1947 von einem Schuster aus Bethlehem erworben hatte.

Tora und Tempel, das religiöse Leben der Juden

Jene zwei Elemente, die das religiöse Leben der Bewohner von Judäa in der Zeit des zweiten Tempels maßgeblich beeinflusst haben, sind der Tempel und die Tora. Anhand der Haltung gegenüber diesen zwei Elementen gelingt es gut, die unterschiedlichen Gruppierungen innerhalb der jüdischen Gesellschaft auszuweisen und zu charakterisieren.

Wenden wir uns zunächst dem Tempel zu: Gemäß den Vorschriften aus dem Buch Deuteronomium, die in dieser Zeit nicht nur als religiöse, sondern auch als nationale Gesetze galten, durfte ein Israelit Gott nur an einem einzigen Ort ein Opfer darbringen und ihn anbeten. Dieser Ort war der Jerusalemer Tempel, welcher der Tradition nach von Salomo erbaut, von den Babyloniern zerstört und schließlich nach der Beendigung des babylonischen Exils wiederaufgebaut wurde. Natürlich war der Tempel in erster Linie ein Heiligtum. Da es in Judäa nach dem Exil (zumindest bis zur Zeit der Hasmonäer) aber keinen Monarchen mehr gab, war der Tempel mit seiner priesterlichen Obrigkeit zugleich auch die Stelle, an der Steuern eingetrieben wurden. Geldopfer und Geschenke wurden angesammelt, der Tempel war ein wichtiger Tauschmarkt für die regelmäßig und in großer Zahl anreisenden Pilger. Am Tempel wurden Gott durch die Priester Opfer dargebracht, es fanden reinigende Riten statt, es amtierte ein religiöses wie ziviles Tribunal, die Gesetze wurden ausgelegt und in ihrer Geltung gewahrt. Der Kult am und um den Tempel war folglich nicht nur für die Mitglieder der traditionellen 24 Priesterfamilien – die zweimal jährlich eine Woche lang am Tempel amtieren durften – lebensnotwendig, sondern auch für eine ganze Reihe von Händlern, Dienern, Wirtsleuten, Tischlern, Schmieden, Metzgern und Steinmetzen, die hier ihren Unterhalt verdienten.

Wie dieser Kult konkret ausgesehen hat, ist im Detail leider nicht überliefert und wird sich trotz anhaltender intensiver Forschungen wohl nicht mehr rekonstruieren lassen. Gemeinhin geht man aber davon aus, dass am Jerusalemer Tempel verteilt über den Jahreskreis unterschiedliche Feste gefeiert wurden, wie etwa das Passah (Ostern), das Laubhüttenfest, das Wochenfest etc. Auch darf man annehmen, dass unterschiedliche Opferarten praktiziert wurden: Schlachtopfer, Rauchopfer oder – weniger blutig – Gelübde. Vermutlich wird in diesen kultischen Riten nur wenig Einigkeit geherrscht haben. Die Schriftrollen vom Toten Meer nämlich zeigen deutlich, dass es widersprüchliche Kultauffassungen gegeben hat, ja innerhalb der Priesterfamilien oft heftig diskutiert und gestritten wurde. Ob diese rivalisierenden Gruppen zugleich einen Anspruch auf die Verwendung der Tempelstruktur gestellt haben, oder ob je nach Herrschaft am Tempel unterschiedliche Regeln gegolten haben, ist nicht bekannt.

Rekonstruktion einer Mikwe. Ritualbäder waren im traditionellen Judentum üblich und bildeten einen Bestandteil des kultischen Lebens. Die Treppe, welche in das Becken führte, war durch eine dünne Wand in zwei Bereiche geteilt, damit die unrein ins Wasser steigenden Menschen keinen Kontakt mit den rein heraussteigenden Menschen hatten.

Die verschiedenen Einstellungen gegenüber dem Tempel und dem Kult sind aber sicherlich das Hauptkriterium, nach dem man die Mitglieder der jüdischen Gesellschaft in verschiedene Gruppen unterteilen kann. Denn obwohl Reinheit und Heiligkeit für all diese Parteien von entscheidender Bedeutung waren, variierten die Auffassungen von der Verwirklichung dieser beiden Ideale massiv. Die Art und Weise, die richtigen Zeiten und richtigen Rituale, mit Hilfe derer Reinheit und Heiligkeit zu erreichen waren, wurden so unterschiedlich angesetzt, dass das, was für die einen rein war, für die anderen als unrein gelten musste. Derartige Differenzen sind in den Rollen vom Toten Meer deutlich wahrzunehmen und beweisen damit die Existenz parallel existierender Gruppierungen. Ein weiteres Indiz für eine vielschichtige religiöse Gesellschaftsstruktur ist der Umstand, dass in mehreren Schriftrollen eine zunehmende Entfremdung vom offiziellen Tempel spürbar wird. So wird auf der einen Seite an einem eschatologischen Tempel festgehalten, auf der anderen Seite der Tempel vermehrt als vergeistigte Vision dargestellt, Ansätze also, die zu konträr sind, als dass sie ein und derselben Gruppierung entstammen könnten.

Die wachsende Distanz ganzer Priesterfamilien bzw. einzelner Mitglieder gegenüber dem offiziellen Tempel und seinem Kult dürfte der Ursprung von Priestergemeinschaften in Städten und Dörfern abseits von Jerusalem gewesen sein, wobei es sich im Fall von Qumran sehr wahrscheinlich um eine solche Priestersiedlung gehandelt haben wird. Wieder andere abtrünnige oder ausgeschlossene Priester lebten fernab vom Tempel als Einsiedler. Die Gestalt von Johannes dem Täufer dürfte – abgesehen von der Frage seiner Historizität – einen solchen gesellschaftlichen Ursprung haben. Sein Vater Zacharias nämlich war, so entnimmt man zumindest dem Lukasevangelium, Priester und übte seinen Beruf auch aus. Der Geburt nach war Johannes daher ebenfalls Priester, zog dem Priesterdienst am Tempel aber ein Leben in der Wüste vor.

Das zweite Element, welches das religiöse und soziale Leben des Volkes bestimmte, war die Haltung zum jüdischen Gesetz, der Tora. Die Bezeichnung Tora meint die ersten fünf Bücher der hebräischen Bibel, in denen die Grundlagen der jüdischen Lebensführung und der jüdischen Gesellschaft festgelegt sind. In diesen ersten fünf Büchern – die nach der griechischen Bezeichnung Genesis, Exodus, Levitikus, Numeri und Deuteronomium genannt werden – sind Erzählungen, Stammbäume, Gesetze, Vorschriften, Gebote und Verbote enthalten, welche jedoch kaum systematisiert sind und vor allem nicht alle Aspekte des menschlichen Lebens abdecken. Aus diesen Gründen konnte die Tora nur dort effektiv und für das reale Leben der Menschen maßgeblich angewandt werden, wo eine autoritative Interpretation erfolgte, die den biblischen Text aktualisierte und auf die konkrete Situation anpasste. Für eine solche auslegende Tätigkeit schlägt die Tora selbst die Ältesten und die Priester als geeignete Autoritäten vor. In der Zeit des Zweiten Tempels fand diese offizielle Interpretation am Jerusalemer Tempel statt, der zugleich als Gericht fungieren konnte, darüber hinaus aber auch in den Dörfern beim Dorfrat, der sich aus eben den genannten Ältesten zusammensetzte.

Die Einhaltung des Sabbats

„Die Juden aber achteten nicht auf die Vorstellung der Soldaten, sondern beharrten bei ihrer Meinung. Hierüber erbittert, griffen die Soldaten sie an einem Sabbat an und verbrannten sie in ihren Höhlen, ohne dass sie Widerstand geleistet oder auch nur die Eingänge versperrt hätten. Sie enthielten sich nämlich wegen des Feiertages jeder körperlichen Tätigkeit und wollten den Sabbat selbst in ihrer gefahrvollen Lage nicht entheiligen, da ihnen an diesem Tage die strengste Ruhe geboten ist. So wurden sie also samt Frauen und Kindern in den Höhlen erstickt, im Ganzen gegen tausend Menschen.“

Josephus Flavius, Jüdische Altertümer

Dabei kam es nicht nur bei unterschiedlichen Fragestellungen, sondern auch bei sehr ähnlichen Fällen zu stark abweichenden Ansichten, je nachdem, welche Gruppierung im Hintergrund stand, was für einem Einfluss die Ältesten ausgesetzt waren, welcher interpretatorischen Schule sie angehörten. Textzeugnisse dazu finden sich sowohl in den Schriftrollen vom Toten Meer als auch in den Berichten der Evangelien. Je konträrer die beschriebenen Einstellungen waren, desto einfacher ist es im Nachhinein, sie verschiedenen Gruppierungen zuzuordnen, wie etwa bei der Jesus-Bewegung, die als moralisch-spirituelle Autorität wie auch in Fragen der Gesetzesauslegung ihren Rabbi (i. e. Meister) bedingungslos anerkannte. Das Neue Testament selbst beweist – unabhängig von Jesus Christus – die Existenz noch anderer, vergleichbarer Wanderprediger, die als Lehrmeister tätig waren und mit ihren Ideen eine mehr oder weniger große Gruppe von Menschen um sich versammelten. Natürlich hatten nicht nur diese charismatischen Prediger ihre je eigenen Vorstellungen von der korrekten Interpretation des Gesetzes. Gleichzeitig mit ihnen traten Priestergruppen auf, von denen manche eine strengere Lehre vertraten, andere hingegen ihren Anhängern mehr Freiräume zugestanden. Eine solche Schlüsselfigur, von der in manchen Schriftrollen berichtet wird, war der „Lehrer der Gerechtigkeit", Prediger, Asket und Gründer einer jüdischen Splittergruppe.

Was die Schriftrollen vom Toten Meer betrifft, findet man hier meist radikale, verschärfte Auslegungen sowie Texte, die verschiedene Meinungen miteinander vergleichen und schlussendlich für eine der dargestellten Interpretationen Stellung beziehen. Durch ihre Haltung zum Gesetz und zum Tempel jedenfalls – so viel wird in den Dokumenten vom Toten Meer wie im Neuen Testament deutlich – definierten sich all die unterschiedlichen Vereinigungen innerhalb des Judentums, welches man sich in der Zeit um Christi Geburt mehr als einen bunten Zusammenhalt kleiner und mittelgroßer

Gruppierungen vorstellen darf denn als eine große homogene Gemeinschaft mit allgemein anerkannten Regeln und klar benennbaren Großparteien.

Jüdische Parteien, philosophische Schulen und sektiererische Bewegungen

Wendet man sich den jüdischen Gruppierungen im Detail zu, fällt auf, dass über die konkrete Gesellschaft, in der die Schriftrollen entstanden sind, kaum zuverlässige Informationen überliefert sind. Zwar sind die entsprechenden Quellen recht ausführlich, doch stammen sie alle aus einer Zeit, in der die von ihnen beschriebene Gesellschaft bereits durch die Repression der Römer ausgelöscht war, und sind daher vom Wissenschaftler nur mit Vorsicht zu genießen. Als Hauptquelle jedenfalls, die durch einige andere, weniger bedeutende Berichte ergänzt wird, können die Werke des Geschichtsschreibers Josephus Flavius (ca. 38–93 n. Chr.) gelten. In Antiquitates Judaicae (lateinisch: Jüdische Altertümer) und De Bello Judaico (lateinisch: Jüdischer Krieg) skizziert er die jüdische Gesellschaft als Zusammenspiel von vier Parteien. Er gebraucht dafür das griechische Wort „aíresis", das übersetzt so viel bedeutet wie Sekte, meint jedoch sehr wahrscheinlich nicht eine Sekte in der heutigen Bedeutung, sondern eine religiös, politisch und sozial organisierte Gruppierung bzw. – noch genauer – deren Führungsebene. Diese vier Parteien benennt Josephus als Essener, Pharisäer, Sadduzäer und als eine weitere Philosophenschule, die er später mit den Zeloten identifiziert.

Das größte Interesse widmet der römische Chronist den Essenern, von denen im folgenden Kapitel die Rede sein soll. Seine Darstellung der übrigen drei Gruppen ist zwar weniger ausführlich, wird jedoch von den Berichten aus dem Neuen Testament ergänzt. So kennen wir heute die Pharisäer als die populärste und einflussreichste jüdische Partei. Im Laufe der Geschichte hatten sie bei den jeweiligen Herrschern unterschiedliches Glück. Der jüdische König Alexander Jannäus etwa ließ 87 v. Chr. 800 Mitglieder der jüdisch-traditionellen, antimonarchischen Pharisäer-Bewegung kreuzigen. Seiner Herrschaft folgten seine Frau, Salome Alexandra, und deren Bruder, Schimon Ben Schetach, der ein führender Pharisäer war. Unter ihrer Regierung gewann die Partei der Pharisäer großen Einfluss am Hof und im Tempel. Nach dem Tod der Salome Alexandra wandte sich ihr ältester Sohn, Johannes Hyrkanos II., auf der Suche nach Unterstützung an die Pharisäer, der jüngere Sohn dagegen, Aristobulus, an die Sadduzäer. Als Hyrkanos jedoch dank der Intervention der Römer Ethnarch wurde (63 v. Chr.), wandte er sich von den Pharisäern ab und bevorzugte von nun an die königstreuen Sadduzäer. Wenngleich ihr Ursprung nicht priesterlich war, pflegten sie – nach dem Zeugnis der Evangelien – doch eine sehr strenge Frömmigkeit, welche durch eine eigene gesetzliche Überlieferung gestützt wurde und insbesondere Wert auf die Wahrung der kultisch rituellen Reinheitsgesetze im Alltag legte. Sie glaubten an die Auferstehung und an ein Leben nach dem Tod.

Die antiken Autoren Paulus und Josephus selbst bekennen sich zum Pharisäismus. In der Apostelgeschichte wird ein Pharisäer namens Gamaliel genannt, der gegenüber den ersten jesuanischen Gemeinden überraschend tolerant und positiv eingestellt war. Was die Schriftrollen vom Toten Meer betrifft, werden die Pharisäer – wie auch die anderen jüdischen Gruppierungen – nicht ausdrücklich genannt. Dennoch nehmen manche Forscher an, dass sie implizit immer wieder Objekt kritischer Anmerkungen sind, vor allem, wenn es darum geht, ihre angebliche Nachlässigkeit zu stigmatisieren, was interessanterweise genau als Gegenpol zur Kritik der Evangelien gesehen werden muss. Davon abgesehen ist überliefert, dass es sich bei den Pharisäern um eine Laienbewegung gehandelt hat, deren Zugehörigkeit für alle Mitglieder der Gesellschaft offen war.

Die Sadduzäer waren nach Josephus Flavius die Hauptgegner der Pharisäer. Ihre Macht war in erster Linie in ihrem priesterlichen Ursprung begründet sowie in ihrer hohen sozialen Stellung in der Gesellschaft, die ihnen eben aus diesen priesterlichen Wurzeln erwuchs. Sie lehnten die Vorstellung einer Vorherbestimmung und auch die Möglichkeit der Auferstehung ab, beachteten ausschließlich die in der Tora enthaltenen Gesetze und ließen keinen Platz für mündliche Überlieferungen, wie dies etwa die Pharisäer taten. Sie waren – von ihrer religiösen Haltung her – ausgesprochen konservativ und – was das Politische betrifft – römerfreundlich. In den Schriftrollen werden die „Söhne des Zadok" mehrfach erwähnt, wobei fraglich ist, ob mit ihnen tatsächlich die Sadduzäer gemeint sind. Da das Priestertum der damaligen Zeit sehr gespalten war und die Sadduzäer gewissermaßen als Personifikation des offiziellen Priestertums am Jerusalemer Tempel gelten konnten, ist es durchaus vorstellbar, dass mit den wahren „Söhnen des Zadok" andere, gegenüber der offiziellen Geistlichkeit kritisch eingestellte Priester gemeint waren.

Pharisäer und Sadduzäer
„Die Pharisäer widmen sich mit besonderer Sorgfalt der Gesetzesauslegung und nehmen auch den ersten Platz ein unter den Sekten. Für sie ist alles dem Schicksal und Gott anheimgestellt. Wohl stehe es in erster Linie dem Menschen zu, zwischen Recht- und Unrechttun zu wählen, doch bei jeglichem Tun sei auch das Schicksal beteiligt. Es seien zwar alle Seelen unsterblich, aber nur die Seelen der Guten fänden Eingang in einen anderen Körper, während die der Schlechten ewiger Verdammnis ausgeliefert seien. Für die zweite Gruppe, die der Sadduzäer, existiert das Schicksal überhaupt nicht, und Gott, so behaupten sie, habe gar nichts zu tun mit bösem Handeln, ja, es interessiere ihn überhaupt nicht, vielmehr sei es dem Menschen anheimgegeben, das Gute oder das Schlechte zu wählen. […]

Ein Fortleben der Seele, ferner Belohnung und Strafe im Hades verwerfen sie, und während es bei den Pharisäern eine gegenseitige Freundschaft gibt und die Eintracht im Interesse der Gemeinschaft gefordert wird, verhalten sich die Sadduzäer zueinander recht unfreundlich."

Josephus Flavius, Der Jüdische Krieg

Wenngleich die Samariter von Josephus Flavius nicht eigens erwähnt werden, bildeten diese als religiöse Gemeinschaft, die sich vom Jerusalemer Judentum abgespaltet hatte, in Judäa doch eine gewichtige Gruppierung. Da die Samariter bereits recht früh getrennte Wege von den übrigen Juden gegangen sind, dennoch aber die gleichen Heiligen Schriften – und insbesondere die Tora – anerkannten, nahm die Überlieferung ihrer Texte eine andere Entwicklung. Auffällig ist dabei, dass die Schriften sich inhaltlich stark ähneln, sprachlich jedoch sehr unterschiedlich sind. Interessanterweise stimmen manche „biblische" Rollen aus den elf Höhlen vom Toten Meer mit der samaritanischen Version der Tora überein.

Die Zeloten dürften, soweit sich dies rekonstruieren lässt, ähnliche Ansichten vertreten haben wie die Pharisäer, waren dabei jedoch klar nationalistisch geprägt. Als eigene Partei bzw. Schule werden sie erst im Zusammenhang mit dem ersten Aufstand gegen die Römer genannt, in der Zeit zuvor wird es sich bei den Zeloten um eine eher diffuse, dabei aber sehr stark religiös dominierte Widerstandsbewegung gehandelt haben. Wenngleich Ablehnung und Hass gegen die als Eindringlinge wahrgenommenen Römer in manchen Schriftrollen klar thematisiert werden, ist es nicht zulässig, aus diesem Umstand 1:1 auf eine Autorenschaft der Zeloten zu schließen. Vielmehr ist anzunehmen, dass die betreffenden Texte eine den meisten Juden der damaligen Gesellschaft gemeinsame negative Haltung gegenüber den Besatzern widerspiegeln. Doch zurück zu den Zeloten: Eines der auffälligsten Merkmale ihrer Gemeinschaft war die skrupellose Anwendung von Gewalt, mit deren Hilfe die Zeloten letztendlich dem Reich Gottes den Weg ebnen wollten. Dieses Reich Gottes beinhaltete zum einen die Idee eines von Gott geführten Krieges, zum anderen trug es deutliche sozialrevolutionäre Züge. Armen und Unterdrückten, so die unmittelbare Naherwartung der Zeloten, werde dann zu ihrem Recht verholfen und Gott selbst eine neue gerechte Ordnung der Welt herstellen.

Neben den Essenern, Pharisäern, Sadduzäern, Samaritern und Zeloten kommen im Neuen Testament noch die Schriftgelehrten vor, wobei es sich hier nicht allein um eine Bezeichnung der Gruppe, sondern gleichzeitig um einen Berufsstand handelt. Die Schriftgelehrten konnten entweder Laien sein oder priesterlicher Abstammung und hatten durch ihre Tätigkeit als Lehrer bzw. als Prediger einen großen Einfluss auf die Bevölkerung. Eine weitere, eher unbekannte Formation bildeten die Henochiten. Sie waren Juden, welche die – ebenfalls in den Höhlen vom Toten Meer aufgefundenen – Bücher Henochs als autoritativ anerkannten. Ihre Gesinnung war äußerst apokalyptisch und bildete wahrscheinlich einen Gegenpol zum Judentum, das sich zur Überlieferung des Mose bekannte. Die Henochiten zählten zu jenen Reformgruppierungen, die von den Vertretern der Qumran-Essener-Hypothese als möglicher Ursprung der Qumran-Gemeinschaft angesehen werden.

Über diese bereits genannten Vereinigungen hinaus sind in der Bibel zumindest noch drei weitere mögliche Ursprünge priesterlicher Bewegungen bekannt. Von den Sadduzäern nämlich einmal abgesehen lässt sich weiters zwischen den Zadokiten, die Zadok – den Priester Davids – als Gründergestalt anerkannten, den Aaroniden, die sich auf Aaron beriefen, und den Pinhasiten, deren Genealogie auf den Priester Pinhas zurückgeführt wurde, unterscheiden. Die Zadokiten, Aaroniden und Pinhasiten waren allesamt Priester, vertraten jedoch unterschiedliche theologische Einstellungen, ja, waren vielfach Gegner, vor allem wenn es um die Überlegenheit am Jerusalemer Tempel ging. Diese Auseinandersetzungen zwischen den verschiedenen Priestergruppen sind nicht zuletzt auch in den Schriftrollen vom Toten Meer deutlich belegt. Die große Mehrheit der Bevölkerung bestand selbstverständlich nicht aus Priestern, sondern aus Arbeitern und Arbeitslosen – aus Schneidern, Metzgern, Gerbern, Bäckern, Schmieden, Fischern, Steinmetzen, Baumeistern, Zimmermännern etc.

Das Land selbst war durch Ackerbau und Viehwirtschaft, sowie Handel und Handwerk geprägt, wobei innerhalb der etwa eine Million Menschen zählenden Bevölkerung ein starkes Nord-Süd-Gefälle herrschte. Im Norden (Galiläa und Samaria) dominierten Landwirtschaft und Fischerei, im Süden (Jerusalem und Judäa) Handel und Handwerk. Das Leben der Gläubigen war stark religiös ausgerichtet, im Unterschied zu den großen jüdischen Parteien vollzogen sich Praktiken und Riten aber meist in kleinen privaten Kreisen. Um der geografisch zerstreuten und spirituell uneinigen Bevölkerung ein einziges, verbindendes Zentrum zu geben, wurden in der Zeit unmittelbar nach dem Exil verschiedene Reformen durchgeführt, die neben den bereits im babylonischen Exil wichtig gewordenen Reinheitsvorschriften, dem Gebot der Beschneidung und der Sabbatobservanz auch die Ausübung des Kultes an einem einzigen Ort, nämlich am neu gebauten Tempel in Jerusalem, als verbindlich vorsahen.

Den allermeisten Juden war es aber höchstens einmal im Jahr möglich, den vorgeschriebenen Tempelbesuch abzustatten, meist im Rahmen ebenfalls verbindlicher Feierlichkeiten, wie dem Pessach- oder dem Laubhüttenfest. Bei diesem Besuch am Tempel durften die Gläubigen dann Opfer darbringen und Gelübde einlösen. Während des Jahres dagegen besuchten sie gewissermaßen als Ersatz zum Tempel das Bayt Tefilla („Haus des Gebetes“) oder das Bayt Midrasch („Haus des Lernens“), zwei bedeutende Institutionen des rabbinischen Judentums, die nach der Zerstörung des Tempels im

Jahre 70 n. Chr. immer wichtiger wurden. Eine ganze Reihe an archäologischen Funden – wie Amulette, Statuetten, Siegel und Zaubersprüche – belegen darüber hinaus einen nicht geringen Bestand von abergläubischen Praktiken, die mit Psalmen-Gebet und Tora-Rezitation vermischt auf ein sicherlich buntes und dabei dennoch schwer zu rekonstruierendes privates religiöses Leben hinweisen. Ganz gewiss aber ist das Judentum der damaligen Zeit um vieles weiter zu fassen denn als eine vier Parteien umfassende einheitliche Glaubenslehre. Bereits eine erste Sichtung der Zeitzeugnisse lässt auf eine vielschichtige, spannungsgeladene Gesellschaft schließen, die Analyse der Schriftrollen vom Toten Meer wird dieses Bild nur noch bunter machen.

3. Die Ruinen von Kirbeth Qumran und die Essener

„Den Reichtum verachten sie,
und ihr Gefühl für die Gemeinschaft
ist bewundernswert."
JOSEPHUS FLAVIUS, JÜDISCHE ALTERTÜMER

Als Ende der 1940er Jahre in der judäischen Wüste Schriftstücke aus Pergament entdeckt wurden, war das Gebiet am Nordwestufer des Toten Meeres Archäologen und Altertumsforschern längst nicht mehr unbekannt. Zwölf Kilometer südlich von Jericho nämlich befindet sich ein Schutthügel, der eine alte Ruinenstätte bedeckt, an der die Wissenschaft bereits seit 1850 Interesse gezeigt hatte. Schutthügel wie dieser konnten, wenn sie groß waren, ganze antike Städte in sich bergen und wurden dann auf Arabisch „Tell" genannt. Kleinere Schutthügel mit Resten von nur einigen wenigen Gebäuden nannten die Einheimischen dagegen „Kirbeth". Der oberhalb des Toten Meeres gelegene Schutthügel trug im Volksmund den Namen „Kirbeth Qumran", was übersetzt so viel bedeutet wie „Ruinenhügel des Mondes" oder „die graue Ruine". Als eine der Besonderheiten der kleinen Siedlung galt damals der angrenzende Friedhof, dessen mehr als 1000 Gräber eine seltsame Nord-Süd-Ausrichtung aufwiesen.

Landschaftlich gesehen befanden sich die Ruinen in einer für die Viehwirtschaft günstigen Gegend. Da der angrenzende ausgetrocknete Flussverlauf während der Regenzeit Wasser führte, bestanden im Bereich des Wadis (arabisch für Saisonalbäche; die Israelis nennen das gleiche Phänomen Nahal) für einige Wochen gute Weidemöglichkeiten. Daher aber war das Gebiet nicht nur für Archäologen fruchtbar, sondern auch für die Beduinen vom Stamme der Ta'amireh, die das Weideland – noch bevor sie 1947 die Höhlen mit den Schriftrollen entdeckten – als ihr Eigentum betrachteten.

Essener-Hypothese von Pater Roland de Vaux

Pater Roland de Vaux, der zwischen 1951 und 1956 insgesamt fünf Grabungskampagnen in Kirbeth Qumran leitete, war also keinesfalls der Erste, der die antike Siedlung zu seinem Arbeitsplatz machte. Den Auslöser für sein – unter der Schirmherrschaft des jordanischen Kulturministeriums durchgeführtes – Projekt aber gaben einmal mehr jene Beduinen, die im Winter 1947 in einer nahegelegenen Grotte Reste von antiken Handschriften freigelegt hatten. Da bald schon andere Höhlen mit Resten von Pergamentrollen entdeckt wurden, war für die Archäologen rasch – und rückblickend wohl allzu rasch – klar, dass die antike, noch nicht ausreichend untersuchte Siedlung von Qumran in einem Zu-

Roland de Vaux war eine der zentralen Gestalten der Archäologie Palästinas im vergangenen Jahrhundert. Der französische Dominikanerpater war von 1945 bis 1965 Direktor der École biblique in Jerusalem, leitete fünf Grabungskampagnen in Qumran, deren Ergebnisse leider noch nicht vollständig publiziert worden sind, und prägte die lange Zeit als autoritativ angesehene „Qumran-Essener-Theorie".

sammenhang mit dem sensationellen Fund der Rollen stehen musste. Eine Expedition sollte diesen Zusammenhang dokumentieren. Als Leiter der ersten Gruppe von Archäologen wurde Pater Roland de Vaux eingesetzt, der damals die École biblique der Dominikaner in Jerusalem leitete und Präsident des wissenschaftlichen Kuratoriums des Archäologischen Museums Palästinas war.

Die Ergebnisse der Ausgrabungen wurden von de Vaux und seinen Mitarbeitern gewichtet und interpretiert, wobei von Anfang an nur jene Resultate dem Publikum präsentiert wurden, die als Stütze für die zu beweisende Essener-Hypothese herangezogen werden konnten. So kommt es, dass selbst heute, fast 60 Jahre nach den Ausgrabungen, die Erträge des archäologischen Projektes in Kirbeth Qumran noch nicht vollständig in Form von Grabungsberichten publiziert sind, ja, die Keller der École biblique von Jerusalem nach wie vor mit Tausenden von – zumeist weder katalogisierten noch systematisierten – Funden gefüllt sind, die für die Außenwelt nicht zugänglich sind. Trotz diesem eher nachlässigen Umgang mit dem Forschungsobjekt und trotz der Tatsache, dass die Ansichten des Paters von anderen Wissenschaftlern damals wie heute zum Teil auch sehr vehement angefochten worden sind, hat der Kern seiner Theorie über die Essener und die Schriftrollen von Qumran in der allgemeinen Meinung nicht an Überzeugungskraft eingebüßt. Nach wie vor gilt es für viele Menschen als gesichertes Wissen, dass es die Essener waren, die ihr Leben in der Wüstensiedlung von Qumran verbracht haben, um dort zu beten, ein Leben in ritueller Reinheit zu führen und Pergamentrollen herzustellen, auf denen sie ihre heiligen Texte für die Nachwelt niederschrieben.

Die Ursache dafür, warum die Identifikation der Essener mit den Bewohnern von Qumran – außer in wissenschaftlichen Kreisen – bis heute de facto unhinterfragt geblieben ist, liegt vielleicht darin, dass sich das, was man gemeinhin von Qumran weiß, scheinbar problemlos in die Berichte des römischen Geschichtsschreiber Josephus Flavius über die religiöse Partei der Essener („Die Jüdischen Altertümer“ bzw. „Die Geschichte des Jüdischen Krieges“) bzw. die Texte von Plinius dem Älteren („Die Naturgeschichte“) und Philo von Alexandrien („Über die Freiheit des Tüchtigen“) eingliedern lässt. Ohne die zahlreichen Fußnoten der modernen Forschung liest sich die Essener-Hypothese glatt und ohne augenscheinliche Widersprüche: Die Essener nämlich waren eine jüdische Gruppierung, deren Hauptniederlassung Plinius der Ältere mit einer Ortschaft westlich vom Toten Meer und nördlich von En Gedi angibt. Anders als dies gegenwärtig der Fall ist, war 1952 keine andere archäologisch frei gelegte Stätte bekannt, auf die eine solche Lokalisierung zugetroffen hätte. Auch beschreiben Josephus und Plinius die Mitglieder dieser Gruppierung in ihrem Werk sehr ausführlich, wobei sich tatsächlich eine verblüffende Ähnlichkeit zu manchen der Schriftstücke feststellen lässt.

Die Stadt der Essener

„Westlich des Toten Meeres leben die Essener. Sie halten sich von der Küste entfernt, soweit diese gefährlich ist. Sie sind Außenseiter und Leute, die man mehr als alle anderen auf der Welt bewundern muss. Sie haben keine Frauen, führen ein keusches Leben, haben kein Geld und lieben die Palmen. Sie erneuern sich tagtäglich gleichmäßig; denn jene, die des Lebens überdrüssig sind, strömen ihnen in Massen zu. Das wechselvolle Schicksal treibt sie dazu, ihren Gepflogenheiten zu folgen. So lebt denn für Tausende von Generationen – es ist schier unglaublich! – ein ewiges Volk, in dem kein einziger Mensch geboren wird. Wie fruchtbar ist für sie aber die Reue über das andere Leben! Unterhalb von ihnen lag die Stadt En Gedi.“

Plinius der Ältere, Die Naturgeschichte

Pater Roland de Vaux also beschäftigte sich mit den Schriftrollen vom Toten Meer, er befasste sich mit dem Befund des Josephus Flavius und er identifizierte in der Folge die Essener mit den Autoren der Schriftrollen. Weiters zog er als Quelle Plinius den Älteren heran und setzte die Siedlung der Essener mit den Ruinen von Qumran gleich. Damit hatte er zwei – jede für sich sehr wohl zu hinterfragende – Thesen aufgestellt, aus denen er als Konklusion die Auffassung bildete, die Essener hätten in Qumran gelebt und dort die in der Nähe des Toten Meeres aufgefundenen Schriftrollen verfasst. Von dieser Grundannahme aber waren seine archäologischen Arbeiten geleitet, welche die zu beweisenden Thesen dann auch – wenig überraschend – bestätigten.

ESSENER HYPOTHESE NACH ROLAND DE VAUX

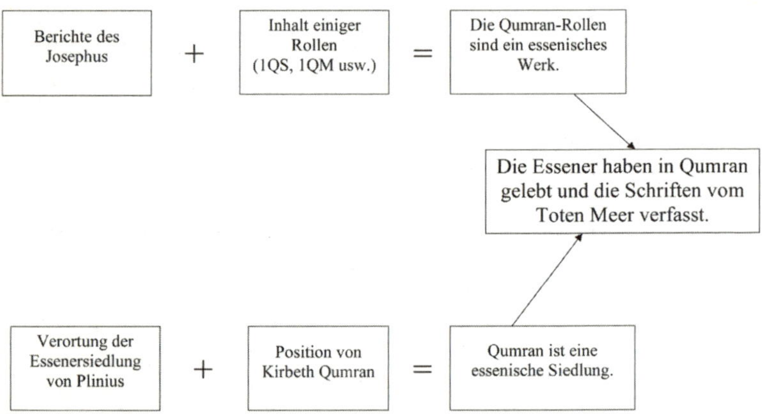

Zu einer ähnlichen Schlussfolgerung kam ähnlich rasch auch Professor Eleazar Sukenik. Er las die Gemeinderegel, welche die Lebensweise einer religiösen Bewegung in der Wüste bestimmt, und stellte aufgrund der Berichte des Plinius bereits

Ende 1948 die Theorie auf, die Schriften vom Toten Meer seien Werke der Essener gewesen. Von dieser Parallele einmal abgesehen ist die Verbindung zwischen Schriften und Siedlung einzig und allein Pater Roland de Vaux zuzuschreiben. Da er das Rätsel von Schriftrollen und Siedlung bereits vor dem Beginn der Ausgrabungen gelöst zu haben meinte, war er wenig aufmerksam, Widersprüche und Ungereimtheiten wahrzunehmen. Da er bedauerlicherweise nicht über das archäologische Know-how des angehenden 21. Jahrhunderts verfügte, setzte er sein Augenmerk darauf, möglichst rasch die Ruine freizulegen, und verlor mit dem hastig abgetragenen Füllmaterial weitere, vielleicht aussagekräftige Fundstücke, in jedem Fall aber die Basis für eine stratigrafische Auswertung.

Stratigrafie als Ausgrabungsmethode

Als archäologische Stratigrafie bezeichnet man bei Ausgrabungen die in einem vertikalen Profil feststellbare Abfolge von Besiedlungschichten und ihre Interpretation. Die stratigrafische Analyse hilft in erster Linie bei der relativen archäologischen Altersbestimmung von Ablagerungen und Funden. Die zeitliche Einordnung von in der Fläche ergrabenen Befunden kann durch das Verhältnis dieser Schichten zueinander relativ bestimmt werden als: älter, jünger, zeitgleich oder ohne direkte Beziehung. Voraussetzung ist aber eine wissenschaftlich durchgeführte Grabung mit entsprechender Dokumentation. Man spricht in der archäologischen Stratigrafie von verschiedenen Siedlungsschichten, mit deren Hilfe die Geschichte der Besiedlung eines Fundplatzes und das Schicksal von Städten rekonstruiert werden können.

Glaube und Leben der Essener nach Plinius, Josephus und Philo

Wendet man sich jedoch zunächst den schriftlichen Quellen aus dieser Epoche zu, zeigt ein Blick auf die Zahlenangaben der antiken Autoren, dass Gruppierungen wie jene der Essener durchaus eine Art religiöse Elite gewesen sein dürften. Nach der Darstellung des Josephus nämlich gab es in Palästina im ersten Jahrhundert nach Christus etwa 4000 Essener. Bei der Gruppierung der Pharisäer rechnet man mit ungefähr 6000 Mitgliedern, die Sadduzäer und Zeloten dagegen hatten nur wenige hundert Anhänger. Bedenkt man nun, dass in der damaligen Zeit in Palästina mehr als eine Million Juden gelebt haben dürften, wird deutlich, dass die Mitgliedschaft in einer solchen Gruppierung eher die Ausnahme als die Regel dargestellt haben wird. Pharisäer, Essener, Sadduzäer und Zeloten wiesen eine feste Organisation auf, praktizierten geregelte Aufnahmeverfahren und setzten in ihrem Glauben theologische Schwerpunkte, nach denen sie ihr Leben auszurichten bemüht waren.

Josephus Flavius über die Essener
„Bei den Juden gibt es nämlich drei Philosophenschulen: die Pharisäer, die Sadduzäer und schließlich die Essener, von denen allgemein behauptet wird, dass sie sich tatsächlich um eine besondere Selbstheiligung bemühen. Es sind der Abstammung nach Juden, die sich jedoch in besonderem Grade einander verbunden fühlen. Sie lehnen jede sinnliche Lust ab und sehen darin eine Sünde, während sie die Enthaltsamkeit und den Widerstand gegen die Begierden als Tugend erachten. Über die Ehe urteilen sie abträglich [...]. Den Reichtum verachten sie, und ihr Gefühl für die Gemeinschaft ist bewundernswert. [...] Sie konzentrieren sich auch nicht auf eine einzelne Stadt, sondern sie sind in großer Anzahl auf alle Städte verteilt. Schuhe

und Kleidung wechseln sie nicht, bevor sie völlig zerfetzt und abgetragen sind. […] Vor Beginn der Mahlzeit verrichtet ein Priester ein Gebet, und es wäre gesetzwidrig, zuvor das Essen anzurühren. Nach dem Mahle wird wieder gebetet, und am Anfang wie am Ende preisen sie Gott als Spender der Lebensnahrung. […] Die Essener unternehmen sonst nichts, was ihnen nicht von den Vorstehern aufgetragen wird, und nur in zwei Fällen dürfen sie nach eigenem Ermessen entscheiden, nämlich wenn es gilt, Hilfe zu leisten oder Barmherzigkeit zu üben. […] Jene aber, die in ihre Sekte aufgenommen werden wollen, können nicht sofort eintreten, sondern sie bleiben ein Jahr außerhalb der Gemeinschaft und müssen während dieser Zeit die gleiche Lebensweise einhalten. Besteht der Kandidat während dieser Zeit die Prüfung der Enthaltsamkeit, so darf er dem Leben der Gemeinschaft nähertreten und darf teilnehmen an den heiligen Bädern, die noch größere Reinheit bewirken."

Dennoch dürfte es innerhalb der verschiedenen Ausrichtungen genügend Raum für unterschiedliche Sichtweisen gegeben haben. Da sich die Essener auf der einen Seite also klar von der Masse der Gläubigen abgehoben haben, man auf der anderen Seite aber gerade nicht davon ausgehen kann, dass die religiösen, theologischen und sozialen Ansichten der Mitglieder uniformiert gewesen wären, macht es wenig Sinn, von der „typischen" Einstellung der Essener zu reden. Wohl aber ist es möglich, aus den Beschreibungen von Zeitzeugen wie einem Josephus Flavius oder Philo von Alexandrien besondere Kennzeichen ihres Glaubens und Lebens herauszulesen und festzuhalten.

Die Essener nach Philo von Alexandrien

„Es ist aber auch das palästinische Syrien nicht unfruchtbar an sittlicher Vortrefflichkeit. In diesem Land wohnt ein nicht geringer Teil des sehr menschenreichen jüdischen

Volkes. Einige unter ihnen werden Essener genannt, über 4000 an der Zahl. Das Erste, was an ihnen hervorsticht, ist dass sie in Dörfern wohnen und es vermeiden, in Städte zu kommen wegen der Ruchlosigkeit, die den Bewohnern der Städte zur Gewohnheit wurde. Einige von ihnen bearbeiten das Land, andere befassen sich mit Künsten, welche den Frieden fördern, und so bringen sie sich selbst und ihrer Umgebung Nutzen. Sie verwahren weder Silber und Gold in der Schatzkammer, noch erwerben sie große Ländereien aus Gier nach Einkünften, sondern beschaffen sich lediglich, was zum notwendigen Lebensbedarf gehört. Man kann bei ihnen niemanden finden, der Pfeile, Speere, Dolche, Helme, Brustpanzer oder Schilde herstellt, sowie überhaupt keinen Waffenschmied, Kriegsmaschinenbauer oder sonst jemanden, der Dinge anfertigt, die im Krieg gebraucht werden. Sie betreiben aber auch nichts, was zwar dem Frieden dient, jedoch leicht zur Bosheit verleiten kann. Sklaven gibt es bei ihnen überhaupt nicht, sondern alle sind frei und leisten einander Gegendienste."

Auffallend ist zuallererst, dass die Essener eine Theologie vertreten haben, die ungewöhnlich stark vom Glauben an die Vorherbestimmung dominiert war, schon die Kinder galten ihnen von der Geburt an als gut oder böse. Zwischen den beiden Polen gab es für sie weder Abstufungen noch Kommunikation. In diesem stark dualistisch geprägten Weltbild begriffen die Essener sich selbst als kleinen Kreis der Auserwählten. Die Tora und die Schriften Israels waren für sie verbindliches Gesetz. Da sie zusätzlich aber von einer starken messianischen Erwartung bewegt wurden und überzeugt waren, die letzten Tage der Menschheit seien bereits angebrochen, gingen sie über die normale Geltung der Gesetze hinaus und verschärften sie.

In ihrem vom Studium der heiligen Schriften geprägten Leben stand die Heiligung des Sabbats an erster Stelle. Die Essener beteten mehrmals am Tag und badeten nach der Arbeit, um sich rituell zu reinigen. Wenngleich sie in verschiedenen, zueinander bloß in lockerer Beziehung stehenden Gemeinschaften wohnten, pflegten sie innerhalb der Kollektive eine strenge Gütergemeinschaft, teilten den Ertrag ihrer Arbeit untereinander auf, verzichteten auf den Besitz von Sklaven und bekannten sich zur Armut. Auch entschieden sie sich für die Ehelosigkeit und den unbedingten Gewaltverzicht. Nicht zuletzt wurden sie aufgrund dieser hohen ethischen Ansprüche von den Juden der damaligen Zeit als Propheten angesehen. Wer bei den Essenern Mitglied werden wollte, musste drei Lehrjahre außerhalb der Gemeinschaft verbringen und damit seine Würdigkeit beweisen, bevor er als offizielles und voll anerkanntes Mitglied an den gemeinsamen Mahlzeiten teilnehmen durfte.

Lebensweise und Glaube der Essener

„Wer bei Verfehlungen angetroffen wird, die ins Gewicht fallen, wird aus der Gemeinschaft ausgestoßen. Die Ausgestoßenen sind oft die Opfer eines jämmerlichen Schicksals und finden ein trauriges Ende; denn die abgelegten Eide und die Ordensregeln verbieten ihnen, sich von Fremden verköstigen zu lassen. Dann müssen sie sich von Kräutern nähren und werden kraftlos vor Hunger, bis sie umkommen […]. Sie sind in vier Klassen aufgeteilt, je nach der Dauer ihrer frommen Kasteiung, und wer sich ihnen später anschloss, steht hinter den älteren Zugehörigen so sehr zurück, dass sich diese nach einer Berührung durch die jüngeren abwaschen, als hätten sie es mit jemand Fremden zu tun gehabt […] Mit allem Nachdruck sind sie davon überzeugt, dass der Körper wohl vergehe und dass das Stoffliche nicht von Dauer sei, dass jedoch die Seelen unsterblich seien für immer und ewig. Von den Seelen glauben sie, dass sie, aus dem feinsten Äther hervorgegangen, sich zusammenfügten und durch irgendeinen natürlichen

Vorgang der Anlockung herabgeholt worden seien. [...] Es gibt auch noch eine andere Gruppe von Essenern, die in Lebensart, Sitte und Gesetzgebung mit den Ersteren übereinstimmen und sich lediglich in der Anschauung von der Ehe von ihnen unterscheiden; denn sie glauben, wer auf die Ehe verzichte, vernachlässige einen wesentlichen Lebenszweck, nämlich die Zeugung der Nachkommen."

Josephus Flavius, Der Jüdische Krieg

Darüber hinaus erfahren wir bei Philo, dass die Essener meist in Dörfern wohnten, weil ihnen die Städte als gottlos galten, und dass in ihre Gemeinschaft weder Kinder noch junge Männer eintreten durften. Neben dem Eheverbot, der Enthaltsamkeit und der ablehnenden Haltung gegenüber der Sklaverei, die auch Philo bestätigt, geht aus seinen Schriften hervor, dass die Essener meist Bauern, Schäfer, Bienenzüchter oder Handwerker waren, ihren Beruf mit viel Hinhabe ausübten, dem Handel dagegen keine Beachtung schenkten.

Merkmale der Qumran-Gemeinde nach Pater Roland de Vaux

Ausgehend von diesen historischen Berichten und den ersten durchaus oberflächlichen Beobachtungen zur Qumran-Siedlung entwickelte Roland de Vaux die These, es sei eine geschlossene Gruppe von Essenern gewesen, die in Qumran gelebt und sich als Hauptaktivität dem Kopieren von heiligen Schriften gewidmet haben. Vor dem Hintergrund der Identifikation von Essenern und Qumran-Gemeinschaft war es für de Vaux und viele andere Forscher nach ihm selbstverständlich bzw. legitim, die Merkmale der Qumran-Gemeinschaft aus den Inhalten der entdeckten Schriftrollen abzuleiten, insbesondere jener Schriftrollen, bei denen es sich nicht um Abschriften alttestamentlicher Bücher handelte. Ein großer Stellenwert kam der so genannten Gemeinderegel (1QS), dem Damaskusdokument (CD) sowie den vielen Kommentaren zu, die biblische Texte auf die konkrete Situation der Autoren beziehen.

Diese Dokumente nun wurden nach Parallelen zu den antiken Essener-Berichten durchforstet. Auf den ersten Blick mangelte es dabei weder an Material noch an Berührungspunkten, weshalb man sich rasch entschied – je nach Ausmaß der Parallelen – zwischen Sektenschriften und Nicht-Sektenschriften zu unterscheiden. Natürlich muss aus der Sicht der Wissenschaft rückblickend bereits diese Unterscheidung als problematisch gelten. Denn zum einen zementierte sie eine soeben entwickelte und in keiner Weise gesicherte These, noch bevor ein Prozess der Falsifizierung bzw. Verifizierung abgeschlossen worden wäre. Zum anderen wertete die Unterscheidung der Textzeugnisse die Nicht-Sektenschriften ab, ja disqualifizierte sie als mögliche Quelle, die dazu beitragen hätte können, das Geheimnis der Qumran-Siedlung besser zu verstehen. Von dieser mehr oder weniger willkürlichen und jedenfalls nicht wissenschaftlichen Aussonderung einzelner Schriftstücke einmal abgesehen, muss rückblickend auch der Umstand als prekär angesehen werden, dass Roland de Vaux nicht einmal im Hinblick auf die so genannten Sektenschriften geneigt war, offensichtliche Unterschiede zu den Essenern als solche wahrzunehmen und ihnen als Brüche bzw. Fragezeichen eine Berechtigung zuzugestehen.

Doch zurück zu den Parallelen: Ähnlich wie es Josephus Flavius und Philo beschreiben, ist in der Gemeinderegel von Gütergemeinschaften die Rede, dem Teilen von Nahrung und Arbeit, aber auch davon, dass Gleichgesinnte zunächst mehrere Probejahre durchleben mussten, bevor sie vollständig in die Gruppe eingegliedert wurden. An die Lehre der Essener erinnert weiters die stark dualistische Theologie der Schriftrollen. In einer streng zwischen Gut und Böse aufgeteilten

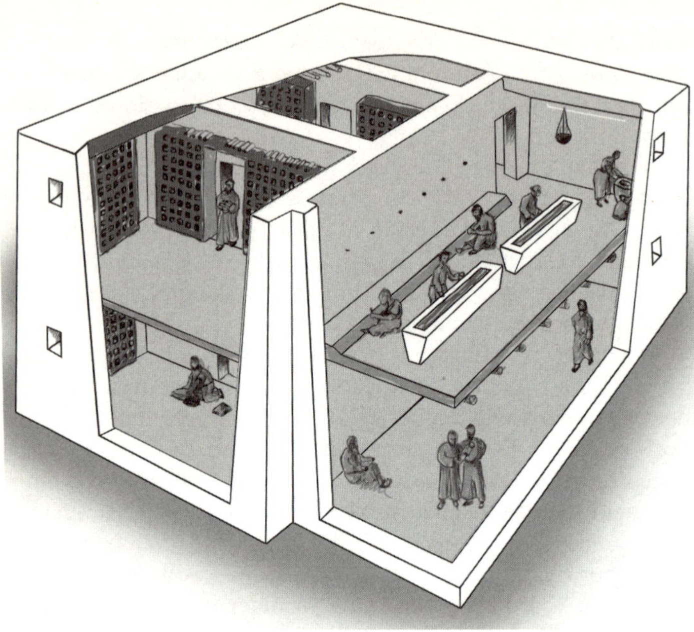

Rekonstruktion des zweistöckigen Gebäudes, das nach Roland de Vaux einen Schreibsaal (Skriptorium), eine Bibliothek und einen Leseraum beinhaltet hat. Obwohl die Schriftrollen in diesen Räumlichkeiten hergestellt und beschriftet worden sein sollten, konnten die Archäologen kein einziges Schriftrollenfragment entdecken.

Welt stehen die Söhne des Lichts und die Söhne der Finsternis einander unversöhnlich gegenüber, wobei der allgegenwärtige und allmächtige Gott die Geschichte auf eine Art und Weise lenkt, dass letztlich die Guten triumphieren werden. In diesem Kampf zwischen Gut und Böse kommt der eigenen Gemeinschaft eine bedeutende Rolle zu, die sich nicht zuletzt aufgrund ihrer dualistischen Haltung streng jüdisch definiert und den Kontakt zu fremden, unreinen Menschen als eines der größten Übel ansieht. Konsequenterweise musste das Einhalten bzw. Verschärfen der Tora-Vorschriften als oberstes Gebot gelten, dem sich die Autoren der Schriftrollen gleich wie die Essener unterwarfen.

Geschichte der Qumran-Gruppe nach Roland de Vaux

Wenngleich keines der in den elf Höhlen aufgefundenen Dokumente eine Geschichtsschreibung der Qumran-Gruppe bietet, meinte Pater Roland de Vaux dennoch die Genese und Entwicklung der Gemeinschaft rekonstruieren zu können. Er ging davon aus, dass die Schriften eine Einheit bildeten, und leitete aus den verschiedenen Hinweisen und Randvermerken eine Geschichte der in Qumran ansässigen Gruppe ab.

Nach der Damaskusschrift ist die Gründung der Qumran-Gruppe auf einen Zeitpunkt 390 Jahre plus 20 Jahre nach der Eroberung Jerusalems durch die Babylonier im Jahre 587 v. Chr. anzusetzen. Im so errechneten Jahr 177 v. Chr. also tritt der „Lehrer der Gerechtigkeit" auf und versammelt um sich eine bußfertige Gruppe von Menschen. Dieser Lehrer, der priesterlichen Ursprungs war, fühlte sich von Gott berufen und geriet daher in Konflikt mit den damaligen religiösen Autoritäten, die – als Frevelpriester degradiert – ihrerseits versuchen, den Lehrer der Gerechtigkeit zu töten. Aufgrund dieses Attentats ließen sich der Lehrer und seine Schüler gegen 150 v. Chr. in Qumran nieder. Nach dem Tod des Lehrers begann die Gemeinschaft stark zu wachsen, begünstigt vermutlich durch den Zustrom aus anderen politisch wie religiös verfolgten Gruppierungen. In dieser Zeit hat sich die Siedlung zu einem Zentrum der Manuskriptherstellung entwickelt. Im Jahr 31 v. Chr. wurde die Siedlung in Folge eines Erdbebens für einige Jahre verlassen, danach die Tätigkeit wieder aufgenommen, bis die Römer Qumran im Jahr 68 n. Chr. schließlich endgültig zerstört haben.

Zwar steht außer Zweifel, dass es richtig und für die Forschung wichtig war, diese Gemeinsamkeiten festzustellen und zu systematisieren. Pater Roland de Vaux ging jedoch noch weiter. Im Damaskusdokument nämlich fand er den Ursprung der hinter den Autoren stehenden Gruppierung, deren erste Mitglieder aus Jerusalem stammten und unter der Führung des Lehrers der Gerechtigkeit in der Abgeschiedenheit der Wüste Zuflucht, Ruhe und Abschottung vor der Welt suchten. Damit war für de Vaux klar, dass die Qumran-Essener aus Jerusalem in das Gebiet von Kirbeth Qumran geflohen waren. In Anlehnung an die Gemeinderegel sprach der

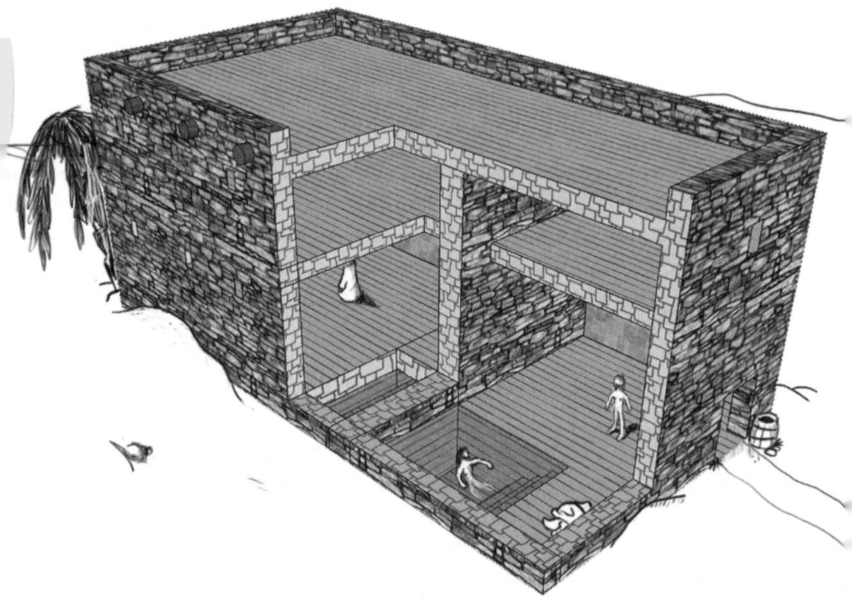

Rekonstruktion eines Gebäudes im Wirtschaftstrakt mit einer kleinen Mikwe, die der Reinigung der Bewohner nach der Arbeit am Feld oder in einer der Werkstätten diente.

Archäologe von hierarchischen Strukturen, innerhalb derer den Priestern eine wichtige Rolle zukam und deren großes Gewicht sich in Regelungen des praktischen Lebens wie z. B. den festen Sitzordnungen bei Versammlungen manifestierte.

Die Betonung von Ordnung, Regeln und Struktur äußerte sich einerseits also in einer Vielzahl von konkreten Vorschriften bzw. in der Einrichtung eines Rates, der sich mit rechtlichen Angelegenheiten innerhalb der Gemeinschaft befasste und im weltlichen wie im religiösen Bereich Übertretungen definierte und Strafen verhängte. Andererseits zeigt sich die Liebe zum Gesetz im Bemühen der Gemeinschaft, streng nach den Weisungen der Tora zu leben, ja, diese durch eine Neuinterpretation noch zu verschärfen. Anders als das Gros der Menschen, die sich nach dem damals gebräuchlichen Mondkalender orientierten, folgten sie einem Sonnenkalender, was u. a. bewirkte, dass die religiösen Feiertage zu anderen Daten stattfanden als im übrigen Judentum. Ein weiterer Unterschied zum jüdischen Umfeld besteht darin, dass die so genannten Qumran-Essener nicht an einen, sondern an zwei Messiasse glaubten, wobei dem einen weltliche, militärisch-politische Aufgaben zukamen und dem anderen aber – dem, der am Ende der Tage das Volk zum Heil führen sollte – eine religiös-spirituelle Funktion.

Soweit die Eigenheiten der Qumran-Essener, die Roland de Vaux aus Gemeinderegel, Damaskusdokument und den übrigen Sektenschriften entnommen und in Zusammenhang mit den Essenern gebracht hat. Wenngleich man vergeblich nach Beweisen dafür suchen wird, warum jene über die Charakteristik des Flavius hinausgehenden Merkmale tatsächlich Merkmale der Essener gewesen sein sollen, lassen sich zumindest auch keine Argumente nennen, die das Gegenteil belegen. Anders verhält es sich in Bezug auf die Ehelosigkeit, die bei Flavius klar beschrieben ist und von de Vaux selbstverständlich für die Qumran-Essener übernommen wurde. Dieses so prägnante Charakteristikum wollte Pater Roland de Vaux natürlich auf keinen Fall aufgeben und verschwieg deshalb großzügig, dass die von ihm als Belege herangezogenen Vorschriften keine Hinweise auf ein Zölibat geben, ja vielmehr noch Scheidungsverfahren regeln, die für alleinstehende Mönche offensichtlich ganz überflüssig gewesen wären.

Ähnlich unwissenschaftlich verfuhr er mit der Tatsache, dass der freigelegte Friedhof nicht nur Männergräber, sondern sehr wohl auch Frauen- und Kindergräber aufwies. In einem Moment, da sich der Archäologe von den Ergebnissen seiner Ausgrabung zu einer Revidierung seiner These hätte veranlasst sehen müssen, behalf er sich rasch mit einer weiteren, de facto nicht überprüfbaren Hypothese und erklärte, bei den Frauen und Kindern habe es sich – wenngleich die Essener den Besitz von Sklaven nachweislich ablehnten – eben um Hilfskräfte gehandelt, oder aber um Menschen, die zufällig in der Nähe der Siedlung verstorben seien. Wenngleich de Vaux lediglich 40 von insgesamt rund 1000 Gräbern geöffnet hatte, meinte er, das Verhältnis zugunsten einer größeren Zahl von männlichen Skeletten belege die zölibatäre Lebensart der Qumran-Essener zur Genüge. Zwar können die restlichen Gräber aufgrund eines israelischen Gesetzes heute nicht mehr untersucht werden, jedoch ist offensichtlich, dass hier allzu leichtfertig vorgegangen worden ist.

Siedlung, Friedhof, Reinigungsbäder und Wassersystem

Für Pater Roland de Vaux jedenfalls war klar, dass es sich bei den Bewohnern der Siedlung um zölibatäre Essener gehandelt haben muss und dass diese ihr Leben in Abgeschiedenheit geführt bzw. ganz der Herstellung von Pergamentrollen sowie der dazugehörigen Tongefäße gewidmet haben. Wenn die Qumran-Essener nun aber neben der strengen Pflege ihrer rituellen Reinheit in erster Linie Schriftstücke und Tongefäße angefertigt haben, war es nur noch eine Formsache, sie als Autoren der geheimnisvollen Schriftrollen zu identifizieren. Von dieser Theorie ausgehend erklärte de Vaux nun alles, was freigelegt wurde.

Funde, die sich nicht in seinem Sinn interpretieren ließen, wurden schlicht und einfach übergangen oder aber – was für die gegenwärtige Qumran-Forschung natürlich noch viel schlimmer ist – weggeworfen. Erst in den vergangenen zehn Jahren haben sich Wissenschaftler vermehrt bemüht, das noch erhaltene, jedoch nie ausgewertete Material von den ersten Ausgrabungen zu sichten, zu untersuchen und zu deuten. Das Ergebnis dieser Anstrengungen ist, dass die Essener-Hypothese von Roland de Vaux beinahe zur Gänze unhaltbar erscheinen muss; dazu jedoch kommen wir später im fünften Kapitel. Was die Ausgrabungen selbst betrifft, ist ein vollständiger Bericht nach wie vor ausständig und wird derzeit von Jean-Baptiste Humbert, ebenfalls Dominikanerpater an der École biblique, vorbereitet.

Pater Roland de Vaux jedenfalls unterteilte die Siedlung, deren Hauptbesiedlungszeit er zwischen 130 v. Chr. und 68 n. Chr. – als die Siedlung von der zehnten römischen Legion zerstört wurde – datierte, in drei Hauptkomplexe: Hauptgebäude, Wirtschaftsgebäude und Versammlungssaal. Darüber hinaus untersuchte er im Speziellen das Wassersystem und den angrenzenden Friedhof.

Das Hauptgebäude dürfte zweistöckig gewesen sein, wobei das Untergeschoss gemauert war, das Obergeschoss dagegen aus Holzbrettern und Balken bestand und daher beinahe vollständig verloren gegangen ist. Ein von de Vaux als befestigter Wehrturm beschriebener Bau soll als Vorratskammer gedient haben, alle übrigen Räume wurden unmittelbar in Verbindung mit der Schreibtätigkeit der Essener gebracht. So identifizierte der Archäologe im Obergeschoss einen Schreibraum, weiters einen 13 Meter langen Saal, in dem die Pergamentblätter zusammengenäht und für die Schreiber mit Schreiblinien und Kolumnenbegrenzungen versehen wurden, sowie eine aus drei Zimmern bestehende Bibliothek mit Leseraum und Aufbewahrungsdiele für beschädigte Schriftrollen. Andere kleinere Kammern bezeichnete er als Schlafräume, in denen insgesamt bis zu 40 Menschen übernachtet haben könnten. Das Hauptgebäude selbst besaß auch eine Küche und eine Bäckerei sowie ein rituelles Tauchbecken.

Südlich des Wohnkomplexes wurde eine Töpferei mit zwei Brennöfen entdeckt und im Osten legte de Vaux die Wirtschaftsgebäude mit Stallungen, Örtlichkeiten für den Warenhandel, Lagerräumen für die erzeugte Keramik, einer Gerberei mit großem Wasserreservoir sowie einer Schusterwerkstatt und einer Schmiede frei. Der Baukomplex wird nach Süden von einem weitläufigen, nach Jerusalem ausgerichteten Saal begrenzt, der nach der Auffassung von Roland de Vaux den Mitgliedern der Essener-Gemeinschaft als Speise- und Versammlungshalle gedient haben muss, wobei in dem 22 Meter langen und 4,5 Meter breiten Raum nach seinen Berechnungen bis zu 60 Personen Platz gefunden haben dürften.

Angesichts dieser Annahme begrenzte de Vaux die Zahl der Vollmitglieder auf 50 erwachsene Männer, geriet damit allerdings in eine interpretatorische Notlage. Der eher geringen Zahl an mutmaßlichen Mönchen stand nämlich eine große Zahl an Skeletten gegenüber, war doch allein am Hauptfriedhof mit den Gebeinen von rund 1000 Menschen zu rechnen, nicht berücksichtigt die beiden kleineren Nebenfriedhöfe, die vor 2000 Jahren gemeinsam mit dem Hauptfriedhof eine einzige große Begräbnisstätte gebildet haben dürften. Um die Diskrepanz zwischen angenommenen und belegten Zahlen zu verringern, stellte de Vaux verschiedene, reichlich komplizierte Rechnungen an und verwies darauf, dass die vielen Toten auf möglicherweise besiedelte Wohnhöhlen bzw. Zeltlager in der Nähe der Siedlung zurückzuführen seien, in denen noch nicht vollständig integrierte Mitglieder der Gemeinschaft gelebt haben dürften.

Auch rechtfertigte er seine These mit dem Argument, der Friedhof habe eben nicht allein der Qumran-Gemeinschaft, sondern auch anderen benachbarten Siedlungen und/oder den Halbnomaden aus der Oase En Feschka, von wo die Essener bei Bedarf Getreide und Wasser bezogen haben, als letzte Ruhestätte gedient. Da in der damaligen Zeit derartige archäologische Funde eine Seltenheit waren, konnte Roland de Vaux nicht wissen, dass weder die Bestattungsweise noch die höhere Anzahl an begrabenen Männern als Besonderheit gelten können. Aufgrund von fehlenden Vergleichswerten deutete er den Friedhof von Kirbeth Qumran als Unikum und betrachtete mit diesem Friedhof einmal mehr seine Annahme – einer vom Rest der Welt abgekoppelten Gemeinschaft alleinstehender Männer – als bewiesen.

Als eindeutigen Beleg wertete der Dominikaner schließlich das Wassersystem von Qumran, das zahlreiche Anlagen für Ritual- und Reinigungsbäder, so genannte Mikwaot, aufwies. Nachdem die Essener als eine auf rituelle Reinheit äußerst bedachte Gruppierung galten und sie ihre Arbeit mit heiligen Schriften und rituell reiner Keramik – für deren Aufbewahrung – folglich gezwungen haben dürfte, sich mehrmals am Tag in einer Badeanlage vollständig zu reinigen, musste es wohl Aufgabe der Zisternen und Wasserreservoire gewesen sein, alle Mikwaot jederzeit reichlich mit Wasser befüllen zu können. Bedauerlicherweise hat Roland de Vaux die zugeschütteten Mikwaot und Wasserreservoire jedoch sehr schnell – und ohne auf das Füllmaterial zu achten – freigelegt, sodass es heute nicht mehr möglich ist, eine Datierung des abgetragenen Materials vorzunehmen, die Auskunft darüber hätte geben können, ob die Mikwaot tatsächlich alle gleichzeitig in Betrieb waren. Ähnlich wie im Fall des Friedhofs legen Ergebnisse und Vergleichswerte der modernen Forscher jedoch

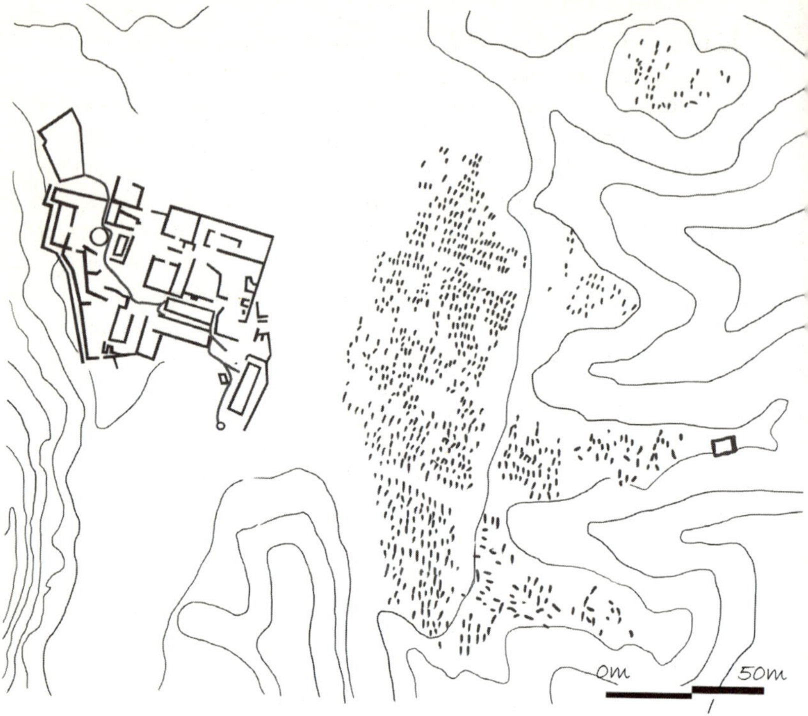

Plan des Friedhofs von Qumran. Die Mehrheit der Gräber, die bereits 1855 zum ersten Mal untersucht wurde, weist eine N/S-Ausrichtung auf. Von den über 800 Gräbern wurden bis heute lediglich 60 freigelegt (eines durch H. Poole, zwei von C. Clermont-Ganneau, 43 durch R. de Vaux, elf durch S. H. Steckoll und drei durch M. Broshi und H. Eshel). Aufgrund eines israelitischen Gesetzes zur Wahrung der Totenruhe dürfen im Friedhofsareal keine Ausgrabungen mehr durchgeführt werden.

nahe, dass dies – entgegen der Ansicht von Pater de Vaux – nicht der Fall gewesen ist.

De Vaux selbst und weitere zwei Generationen von Forschern nach ihm waren jedoch davon überzeugt, dass die Qumran-Siedlung mit der klaren Ausrichtung auf die Herstellung von Schriftrollen gegründet und wenige Jahrzehnte später ausgebaut worden war. Die freigelegten Bauwerke wurden bedenkenlos als Beweise herangezogen, die in den elf Höhlen gefundenen Schriftrollen konsequent als die Bibliothek der Siedlung gewertet – als jene Dokumente, welche die Essener geschrieben, kopiert, ja sogar verfasst haben sollen.

Kulthöhle oder Wintervilla? – Alternative Deutungen des Qumran-Komplexes

Neben den bereits erwähnten Ungereimtheiten und Widersprüchen wurde in den 1980er Jahren ein noch viel schwerer wiegender Einwand gegen die Theorie von Roland de Vaux laut. Sollte Kirbeth Qumran nämlich tatsächlich eine Gebäudestruktur, ja eine Art Manufaktur zur Herstellung von Pergament und Schriftrollen gewesen sein, dann ist unerklärlich, weshalb man bis heute in Qumran kein einziges Fragment einer Schriftrolle gefunden hat. Selbst wenn man berücksichtigt, dass mit dem 68 n. Chr. von den Römern gelegten Brand ein Großteil der Werkstätte und ihrer Inhalte zerstört worden ist, müsste ein derart groß angelegter Komplex aus Skriptorium, Bibliothek und Nebenräumen zumindest einzelne Spuren aufweisen, die auf das Verfassen und Aufbewahren von Texten schließen lassen. Die drei in der Siedlung gefundenen Tintenfässer beweisen nämlich lediglich, dass eine Schreibtätigkeit stattgefunden hat, nicht aber was oder worauf geschrieben wurde. Darüber hinaus haben die Archäologen fragmentarische Texte bzw. auf Tonscherben geritzte Eigennamen (sog. Ostraka) gefunden, jedoch keinerlei Schriften auf Pergament, Leder oder Papyrus.

Es ist daher nicht verwunderlich, dass im Laufe der Zeit weitere Theorien aufgestellt worden sind, um die Ruinen von Qumran zu deuten. Selbst wenn diese ähnlich fehlerhaft waren oder noch weniger stimmig als der Ansatz von Pater Roland de Vaux, stellen sie doch einen ersten Versuch dar, Siedlung, Manuskripte und Höhlen differenziert zu betrachten und das Entdeckte ohne Voranname für sich sprechen zu lassen. Damit aber dürfen sie trotz aller Fehleinschätzungen als Grundlage für die moderne und wissenschaftliche Qumran-Forschung gelten.

Einer der ersten Wissenschaftler, die sich mit der Erklärung von Roland de Vaux nicht zufriedengeben wollten, war der amerikanische Professor Norman Golb, welcher die Qumran-Siedlung als einen militärischen Stützpunkt unter dem Befehl der Jerusalemer Herrscher annahm. Essener und Schriftrollen hatten mit dem Stützpunkt, der in erster Linie den direkten Weg zum Toten Meer kontrollieren sollte, seiner Meinung nach nichts zu tun. Norman Golb bezweifelte überhaupt die Annahme, dass die Essener als Gemeinschaft organisiert gewesen waren, und verortete die Herkunft der Manuskripte in der Tempelbibliothek von Jerusalem. In Jerusalem hergestellt, habe man die Schriftstücke 66 n. Chr. – während des ersten Aufstandes gegen die Römer – in den Höhlen versteckt. Ähnlich plausibel wie die Erklärungsversuche seines Vorgängers, stieß jedoch auch die These von Norman Golb auf offensichtliche Schwierigkeiten.

Beispielsweise konnte der Amerikaner nicht plausibel machen, warum die Siedlung, insbesondere ihr jüngster Anbau, keineswegs die Grundform und das Erscheinungsbild eines militärischen Stützpunktes aufweisen. Die Wasserversorgung nämlich war nicht geschützt und die Mauer wäre wegen ihrer unzureichenden Stärke auf keinen Fall geeignet gewesen, in einer kriegerischen Auseinandersetzung dem Angriff des Feindes standzuhalten. Außerdem bleibt offen, warum die angeblich in Jerusalem hergestellten und verwahrten Rollen, die in der Situation von Bedrohung in die Höhlen gebracht worden sein sollen, ausgerechnet in Tongefäßen transportiert worden sind, die nachweislich in Qumran produziert wurden. Sofern es sich bei den Höhlen tatsächlich um Verstecke gehandelt haben soll, mutet weiters der Umstand eigenartig an, dass die Höhlen 5 und 6 völlig offen waren.

Anfang der 1950er Jahre präsentierte als einer der ersten Qumran-Interpreten auch Professor Eleazar Sukenik eine von Pater Roland de Vaux abweichende Theorie. Zwar ging er davon aus, dass die in den Höhlen entdeckten Schriften durchaus essenischen Ursprungs sein könnten, meinte aber, die Essener hätten nicht in Qumran gewohnt, sondern in Zelten bzw. Hütten in der Nähe der ersten Höhle. Mit der Entdeckung der weiteren Höhlen musste Sukenik seine These laufend erweitern, sodass er schließlich noch andere kleinere Gruppen von Essenern annahm, die bei Höhle 2 und Höhle 3 gelagert haben sollen. Als 1952 die Existenz einer vierten Höhle bekannt wurde, änderte er seine Darstellung dahingehend ab, dass er nun von einer Hauptgruppe der Essener ausging, welche unmittelbar in der Qumran-Siedlung gelebt haben.

Da es – nach Eleazar Sukenik – zugleich andere Gruppierungen gegeben hat, die abweichende Theologien vertreten haben, sollen sich diese etwas außerhalb der Siedlung nahe bei den Höhlen niedergelassen haben, welche den jeweiligen Glaubensgemeinschaften als kultische Zentren dienten. Die religiös-spirituellen Schwerpunkte dieser Splittergruppen würden sich dann in den Inhalten der in den jeweiligen Höhlen aufgefundenen Dokumente widerspiegeln. Abgesehen davon, dass bereits die Analyse des Textbestandes diese These heute als eher fragwürdig erscheinen lässt, stieß Sukenik auf archäologische Schwierigkeiten, da er nämlich keinerlei Spuren einer kultischen Zweckbestimmung nachweisen konnte. Selbst wenn man berücksichtigt, dass die Höhlen von den Beduinen bei der Suche nach weiteren Manuskripten einigermaßen verwüstet worden sind, ist nicht zu erklären, warum nirgends außerhalb von Qumran Reste von Ritualbädern bzw. von Baustrukturen, die an Reinigungsriten denken lassen, nachgewiesen werden können. Sofern die Rollen von verschiedenen Autorenkreisen verfasst und von ihren Gläubigen als heilig bzw. autoritativ verehrt worden sein sollen, bleibt weiters offen, weshalb diese z. T. sorgsam aufbewahrt wurden (Höhle 1), zum Teil aber achtlos und ohne Schutz am Boden lagen (Höhle 11).

Eine dritte Theorie wurde vom belgischen Archäologenpaar Pauline Donceel-Voûte und Robert Donceel vertreten. Sie waren nach dem Tod von Roland de Vaux seitens der École biblique beauftragt worden, den Abschlussbericht über die Ausgrabungen von Qumran fertig zu stellen. Damit gehörten sie zu den ersten Forschern, denen es möglich war, einen Einblick in die Gesamtheit der Funde aus Kirbeth Qumran zu erhalten. Bereits bei der ersten Sichtung des Materials fiel den beiden Archäologen auf, dass eine bedeutende Zahl der Artefakte eher auf die Herkunft aus einem wohlhabenden Milieu schließen lässt als auf eine Mönchsgemeinschaft, die Armut gelobt hat und in Armut lebt.

Aufgrund dieser Beobachtung stellten sie die These auf, es habe sich bei der Qumran-Siedlung um eine private Villenanlage gehandelt, die in einen Wohnbereich und in einen Wirtschaftsbereich gegliedert war. Die Schriftrollen hatten nach der Ansicht des Ehepaars Donceel mit der Anlage nichts zu tun, stammten nicht aus den Werkstätten der Siedlung und stünden überhaupt in keinem Zusammenhang mit ihr. Da die Villentheorie aber weder die rund 1000 Gräber erklären konnte, noch den Umstand, dass zumindest Teile der Schriftrollen auf einem Grundstück versteckt wurden, das unter dem direkten Einfluss der Qumran-Siedlung stand, wurden die Donceels von anderen Wissenschaftlern rasch zurückgewiesen. Nichtsdestotrotz zeigt ihr Ansatz eindrucksvoll auf, dass das archäologische Bild, welches sich Pater Roland de Vaux stellte, auch ganz anders gedeutet werden kann, als er es tat. Die Anlage von Qumran in der Einöde anzunehmen und sie von fanatischen Essenern, die in erster Linie ihren Reinheitsvorschriften nachgingen, bewohnt sein zu lassen, ist – so darf man zusammenfassen – keineswegs selbstverständlich.

Aufgrund von jüngeren Ausgrabungen und einer damit zusammenhängenden neuen Interpretation der Funde – insbesondere jener aus dem Wirtschaftsbereich – schlug Yizhar Hirschfeld in den letzten Jahren eine Interpretation der Siedlung vor, die diese in die hasmonäische Zeit datiert und als ein kleines Fort deutet. Qumran, ein befestigter Landsitz, den Herodes einem seiner Günstlinge übergeben hatte, wäre demnach das Zentrum eines landwirtschaftlichen Gutes gewesen, das sich auf die Produktion von Luxuswaren spezialisiert hat. Balsamöl, Balsamsalben und Keramik waren die Hauptprodukte, aus deren Verkauf die Landgutbesitzer samt ihren Sklaven gut leben konnten. Nach dem heutigen Stand der Forschung ist es gut möglich, dass diese Theorie von der Realität nicht weit entfernt ist. Die Abkoppelung der Siedlung von den Schriftrollen und von ihrem priesterlichen Milieu stellt jedoch eine Schwachstelle dar, die noch Erklärungsbedarf aufweist.

Jodi Magness und die Wiedergeburt der Essener-Hypothese

Neben einer ganzen Reihe von Werken, welche die Standardhypothese in Frage stellten, erschien 2002 eine sehr interessante Monographie der jüdischen Archäologin Jodi Magness, die sich bemüht, die Theorie von Roland de Vaux mit neuen Aspekten und Argumenten zu stützen. In ihrem Buch, mit dessen journalistischem Stil die Amerikanerin nicht nur ein wissenschaftliches, sondern ein breites Publikum ansprechen will, analysiert sie erneut die archäologischen Ausgrabungen und Funde. Ihre Schlussfolgerungen, die von einschlägigen Fachleuten wie James VanderKam, Larry Schiffman, Geza Vermes und Emanuel Tov positiv aufgenommen worden sind, bestätigen –

insbesondere was Nutzung und Bewohner betrifft – die Standardtheorie und unterstreichen einmal mehr, dass es sich bei Qumran um eine von einer religiösen Sekte bewohnte Siedlung gehandelt hat. Lediglich in der Frage der Chronologie distanziert sich Magness von de Vaux, übernimmt jedoch ähnlich selbstverständlich den Zusammenhang zwischen Siedlung und Rollen und bedient sich ohne wissenschaftliche Vorbehalte der antiken Quellen des Josephus und Plinius, wenn es darum geht, die Merkmale der Qumran-Gruppe näher zu definieren.
Damit zeigt die Amerikanerin zwar nicht unbedingt auf, dass Roland de Vaux Recht hatte, sehr wohl aber, dass auch die Archäologie nicht unbedingt als exakte Wissenschaft zu gelten hat, sondern die Interpretation von archäologischen Manufakten unterschiedlich bis beliebig sein kann.

Angesichts der Tatsache aber, dass weder die allumfassende Theorie von de Vaux noch die in der Folge formulierten Erklärungsversuche seiner Fachkollegen dem Phänomen Kirbeth Qumran gerecht werden konnten, zeigt sich, dass die Frage nach der Funktion der Siedlung sowie den Beziehungen zwischen Siedlung, Bewohnern, Höhlen und Manuskripten heute neu gestellt und das vorhandene Material grundlegend überarbeitet werden muss.

Pharisäer, Sadduzäer oder Zeloten? – Die Autoren der Rollen

Die Essener, die geheimnisvollen Mönche aus der judäischen Wüste, waren die Autoren und Kopisten jahrhundertelang verschollener Schriftrollen, in denen man meinte, Skandale und unbequeme historische Informationen aus der Zeit Jesu Christi aufspüren zu können. Die Annahme sowohl von Geheimdokumenten – die vom Vatikan angeblich gar zur

Verschlusssache erklärt worden seien – als auch der Essener als Schriftsteller faszinierte von den ersten Tagen der Entdeckung der Qumran-Schriftstücke an, fand daher in der Forschungsgemeinschaft wie im breiten Publikum viel positive Resonanz und blieb lange praktisch unhinterfragt. So kommt es, dass Hartmut Stegemann noch in den 1990er Jahren die These vertreten kann, die Essener seien in den ersten beiden Jahrhunderten vor Christus die bedeutendste Bewegung innerhalb des Judentums gewesen. In Qumran angesiedelt, sei ihre Haupttätigkeit das Kopieren von bedeutenden Schriften gewesen.

Die „Essener" in den Schriftrollen

Befragt man die Schriftrollen vom Toten Meer nach den „Essenern", sucht man vergeblich, denn der Ausdruck „Essener" kommt in keinem der bis dato bekannten Manuskripte vor. Ursache dafür könnte ein Sprachproblem sein: Der betreffende Terminus nämlich ist lediglich in den griechischen und lateinischen Texten der Geschichtsschreiber Josephus und Plinius belegt, und zwar in unterschiedlichen Formen, weshalb seine Bedeutung auch hier nicht unumstritten ist. Überdies ist die Herleitung aus dem Hebräischen oder Aramäischen alles andere als gesichert.

Da wir bzw. solange wir aber nicht wissen, wie das hebräische oder aramäische Äquivalent lautet, wird es kaum möglich sein, sein Vorkommen zu prüfen. Die Behauptung, der Name „Essener" kam in den Schriften nicht vor, setzt nämlich voraus, dass wir in der Lage wären, diesen wiederzuerkennen, sofern er uns in den Schriften begegnen würde. Natürlich gibt es verschiedene Theorien zur Ableitung des Wortes „Essener". Einige Wissenschaftler verstehen den Ausdruck als eine Bezeichnung für einen frommen Menschen, andere als Synonym für „Heiler" oder „Therapeut". Eine dritte Gruppe von Interpreten sieht in dem Begriff „Essener" eine Form des hebräischen

Verbs ʻasah (tun): Die „Essener" wären demnach die „Tuenden" der Tora. Sollte tatsächlich eine dieser Erklärungen zutreffen, könnten die „Essener" sehr wohl in den Qumran-Schriften vertreten sein. Fazit der Diskussion ist jedenfalls, dass weder die verschiedenen Bezeichnungen für die Essener noch das vermeintliche Fehlen der Essener in den Schriftrollen Einwände gegen den Zusammenhang von Essenern und Schriftrollen sind. Argumente für eine derartige Identifikation sind sie aber ebenso wenig.

Soweit scheint das Bild stimmig. Betrachtet man jedoch das faktisch Überlieferte, entstehen bereits an diesem Punkt ernsthafte Schwierigkeiten. Angesichts des großen Aufwandes, den man in der damaligen Zeit betreiben musste, wollte man Schriftstücke herstellen und aufbewahren, ist es naheliegend anzunehmen, eine solche Gemeinschaft von Autoren und Kopisten habe in erster Linie Texte verfasst, die ihre eigenen Ansichten widerspiegeln. Bereits eine oberflächliche Lektüre der Qumran-Rollen macht aber deutlich, dass diese theologisch und weltanschaulich ganz und gar nicht einheitlich sind. Zwar hat man lange versucht, die Breite und Vielfalt der vertretenen Positionen insofern in die Essener-Hypothese zu integrieren, als man argumentierte, die Essener hätten – gewissermaßen im Geist der Bildung – auch Texte kopiert, die nicht ihren Ansichten entsprachen (Nicht-Sektenschriften), jedoch bleibt die Frage nach der Motivation für ein solches Tun unbeantwortet.

Genau aus diesem Grund wurden und werden immer wieder Stimme laut – wie zuletzt die des Neutestamentlers Jürgen Zangenberg –, die bezweifeln, dass es sich bei den Autoren der Rollen tatsächlich um Essener gehandelt hat. Als unwissenschaftlich und archäologisch untragbar bezeichnen sie das Vorgehen, mehr oder weniger wahllos aus den nichtbiblischen Schriftrollen Elemente herauszunehmen und diese als Charakteristika der Essener-Bewegung zu präsentieren, während man andere – im Widerspruch dazu stehende – Dokumente einfach ignoriert oder die betreffenden Texte als Nicht-Sektenschriften deklariert und ihnen damit ähnlich elegant wie – letztlich – unseriös die Geltung abspricht. Lässt man jedoch die Texte in ihrer Fülle gleichberechtigt nebeneinander bestehen, erweist sich der Versuch, Besonderheiten der Qumran-Essener herauszufiltern, als unmöglich.

Dazu kommt noch, dass – wie gesagt – der Begriff Essener in den Schriftrollen kein einziges Mal vorkommt. Vielmehr ist gelegentlich von einer Gruppierung namens „Jahad" die Rede. Da die Jahad einzelne Charakteristika aufweist, die mit der Skizzierung des Josephus Flavius übereinstimmen, wurde sie rasch als essenische Splittergruppe festgelegt, wobei man hier einmal mehr vor dem Problem steht, dass andere Merkmale – wie sie z. B. das Damaskusdokument beschreibt – deutliche Unterschiede zu den Essenern des Josephus aufweisen. Zwar könnte man durchaus diskutieren, den Terminus Essener in Funktion einer Arbeitshypothese als Oberbegriff einzuführen, jedoch war und ist das Interesse der Forscher, die Autoren der Rollen klar zu benennen, derart stark, dass für behutsame Annäherungen wenig Spielraum bleibt. Vielmehr war man von Beginn des wissenschaftlichen Diskurses an bemüht, die Autoren mit einer der bereits bekannten jüdischen Gruppierungen gleichzusetzen.

Rachel Elior und die „Erfindung" der Essener

Gegen Ende des Jahres 2009 machte die israelische Wissenschaftlerin und Professorin für jüdische Mystik an der Hebräischen Universität in Jerusalem, Rachel Elior, mit einer radikalen These über die Essener auf sich aufmerksam. Ihrer Meinung nach wäre eine solche Sekte innerhalb des Judentums nämlich völlig undenkbar gewesen. Sollten die Essener nämlich tatsächlich in Ehelosigkeit und Enthaltsamkeit gelebt haben, wäre dies ein klarer Verstoß gegen das wichtigste Gebot Gottes – das „Vermehret euch" gewesen. Dass aber Tausende von Menschen in Judäa ganz offensichtlich gegen das Gesetz verstoßen hätten und dies in keiner jüdischen Quelle der Zeit Erwähnung gefunden habe, sei schlicht und einfach ein absurde Annahme. Die Essener seien demnach eine reine Erfindung des Josephus. Er wollte seinen römischen Lesern die Juden nicht bloß als Verlierer und Verräter darstellen, sondern als ein religiöses, ja heroisches Volk. Daher orientierte er sich an den Schilderungen über die Spartaner und beschrieb eine jüdische Gruppierung, die für die Römer ein Modell von Tugend und Werten hätte sein können. Die übrigen antiken Autoren hatten ihrerseits keine selbständigen Erfahrungen mit den Essenern aufzuweisen, sondern konnten lediglich Josephus bzw. einer den anderen zitieren – ohne die Wahrheit der Berichte nachzuprüfen bzw. ohne, dass sie eine Möglichkeit gehabt hätten, diese nachzuprüfen.

Selbst die Pharisäer, welche in mehreren Texten – ob ihrer progressiven Einstellung in Bezug auf die Interpretation der Tora – vehement angegriffen werden, sind als mögliche Autoren der Schriftrollen gehandelt worden. Insbesondere von Louis Ginzberg und Chaim Rabin in den 1970er Jahren unterstützt, findet diese These heute keine glaubwürdigen Anhänger mehr. Aufgrund von ähnlichen Positionen im Zusammenhang mit der rechtlichen Auslegung des Gesetzes sind in jüngerer Zeit vermehrt auch die Sadduzäer als Verfasser der Schriftrollen ins Spiel gebracht worden. Besonders entschieden vertrat diese Ansicht der New Yorker Qumran-Experte Larry Schiffman. Abgesehen von den Berichten aus dem Neuen Testament und aus den Werken des Josephus Flavius kennen wir diese Bewegung allerdings noch sehr wenig. Bekannt ist, dass es sich bei den Sadduzäern um Mitglieder priesterlicher Familien gehandelt hat, weshalb auch die Tatsache, dass der Inhalt vieler Schriftrollen mit Sicherheit priesterlichen Ursprungs ist, gut ins Bild passen würde. Davon abgesehen gilt aber dieselbe Kritik wie im Hinblick auf die Annahme einer essenischen Splittergruppe: Selbst wenn manche Dokumente unter Umständen die Ansichten der Sadduzäer vertreten, heißt dies noch lange nicht, dass alle Werke einen sadduzäischen Ursprung aufweisen. Es ist außerdem unmöglich, die Vielfalt aller beschriebenen Merkmale allein der einen Gruppe der Sadduzäer zuzuweisen.

Wie wir im nächsten Kapitel sehen werden, arbeiteten die Autoren der Rolle auf der Basis eines priesterlichen Hintergrundes, ließen jedoch unterschiedliche soziale Einstellungen erkennen und benutzten trotz dieser gemeinsamen Herkunft voneinander abweichende Argumentationsmuster. Nationalismus, apokalyptischer Messianismus, uneingeschränkte Ergebenheit gegenüber dem mosaischen Gesetz und das Festhalten an der – bis in den Tod hineinreichenden ausgleichenden wie rächenden – Gerechtigkeit Gottes sind manche jener Aspekte, die sich nicht nur in den Qumran-Schriften, sondern auch in den Ansichten der jüdischen Partei der Zeloten widerspiegeln. Daher wurden die Verfasser der Schriften von Wissenschaftlern wie Robert Eisenman, Cecil Roth oder Godfrey Driver mit den Zeloten identifiziert; eine These, die noch gestärkt wurde, als in Masada, dem Ort des letzten Widerstandes der Zeloten gegen die Römer, siebzehn Handschriften gefunden wurden, die frappierende Ähnlichkeit mit jenen vom Toten Meer aufwiesen.

Last but not least wurde auch die jesuanische Jerusalemer Urgemeinde als möglicher Autorenkreis gehandelt bzw. in einer abgeschwächten These als Mitverfasser. In beiden Fällen sind die Argumente allerdings als reine Spekulationen einzustufen und können insofern nicht als ernst zu nehmender Beitrag im wissenschaftlichen Diskurs gewertet werden. Zwar mag es richtig sein, dass eben dieser Diskurs durch die Vielfalt an Positionen vorangetrieben wird und sich auf diese Weise letztlich langsam einem Konsens anzunähern vermag, jedoch ist im Hinblick auf die Autorenschaft der Schriftrollen ein solcher Konsens keinesfalls in Sicht, weil keine der unterschiedlichen Hypothesenbildungen bislang zu einen überzeugenden Ergebnis führt. Die Handschriften sind einerseits zu disparat, als dass sie als das Werk einer einzigen – innerhalb des Judentums identifizierbaren – Gruppe gelten könnten, andererseits weisen sie zu viele Gemeinsamkeiten auf, als dass man sie gänzlich unzusammenhängend deuten könnte.

Angesichts dieser Problematik steht die moderne Qumran-Forschung vor der Herausforderung, nicht nur die Frage nach dem Ursprung der Rollen, sondern zugleich das gängige Bild der jüdischen Gesellschaft dieser Zeit radikal zu überdenken.

4. Was verbergen die Manuskripte aus den elf Höhlen?

„Und alle, die eintreten in die Ordnung der Jahad, begehen einen Bundesschluss vor Gott."
1QS

Von 1949 an bis zum Sechs-Tage-Krieg war das Archäologische Museum Palästinas in Ost-Jerusalem der Umschlagplatz, an dem Manuskripte und Fragmente gehandelt, gekauft und gesammelt wurden. Lieferanten waren nicht Wissenschaftler, sondern Beduinen oder zwielichtige Zwischenmänner, die so viel Geld wie nur irgendwie möglich aus ihrem Geschäft herausholen wollten. Neben Lankester Harding und Roland de Vaux war in diesen Jahren Yusef Saad, der Sekretär des Museums, die Hauptkontaktperson für die Händler. Als die ersten Rollen zum Verkauf angeboten worden waren, hatten die Beduinen wohlweislich nicht den exakten Ort verraten, wo sie diese gefunden hatten. Die Funde waren nach dem jordanischen Gesetz illegal und sowohl die Finder als auch die Zwischenhändler hätten genau genommen nicht bezahlt, sondern mit hohen Strafen belegt werden müssen.

Nachdem die Beduinen und ihre Verbündeten beinahe zwei Jahre lang die Möglichkeit hatten, Höhle 1 ungestört zu plündern, und da der Antiquitäten-Schwarzmarkt infolge des ständigen Nachschubs blühte, wollte man seitens des Museums verhindern, dass noch weiteres Material an Privatpersonen veräußert würde. Daher wurde zwischen der von Lankester Harding vertretenen jordanischen Regierung und Kando, der zweifellos die Hauptfigur unter den Zwischenhändlern war, ein nie offiziell bestätigter Pakt geschlossen, der Kando und die Beduinen straflos halten sollte, solange sie das Archäologische Museum Palästinas als ersten und letztlich exklusiven Ansprechpartner für Anbot und Verkauf der Fragmente wählen würden.

Höhlen und Manuskripte: Neue Entdeckungen in der judäischen Wüste

Am 28. Januar 1949 wurde Höhle 1 von den Truppen der Arabischen Legion unter Führung von Hauptmann Akkash Basha al-Zebn entdeckt, nachdem Captain Philippe Lippens, ein belgischer Beobachter des UN-Kontingents, zuvor um die Hilfe der Legion gebeten hatte. Bei Höhle 1 handelt es sich um eine natürliche Höhle in einer Felswand, die etwa einen Kilometer nördlich von der Qumran-Siedlung gelegen ist. Sie ist rund acht Meter lang und vier Meter hoch, die Breite variiert zwischen 0,75 und zwei Metern. Knapp zwei Wochen nach der Wiederentdeckung nahm das offizielle Ausgrabungsteam seine Arbeit in Höhle 1 auf und kam zwischen Februar und März 1949 in insgesamt drei Wochen der Spurensuche zu einem ernüchternden Ergebnis: Mehr als 50 Tonkrüge dürften ursprünglich in der Höhle gelagert worden sein, 80 bis 90 Rollen waren in diesem Versteck deponiert. Die illegalen Ausgrabungen hatten die Höhle aber beinahe zur Gänze verwüstet, sodass das offizielle Team nun nur noch einige wenige Fragmente sicherstellen konnte.

Da der monetäre Wert der antiken Schriftstücke mittlerweile massiv gestiegen war, wollten nicht nur die Wissenschaftler, sondern ganz besonders die Beduinen des Ta'amireh-Stammes weitere Höhlen ausforschen. Die erste Entdeckung nach Höhle 1 gelang ihnen im Jahr 1951. Ohne jede Vorankündigung meldeten sich mehrere Mitglieder des Stammes bei der Leitung des Archäologischen Museums in Jerusalem

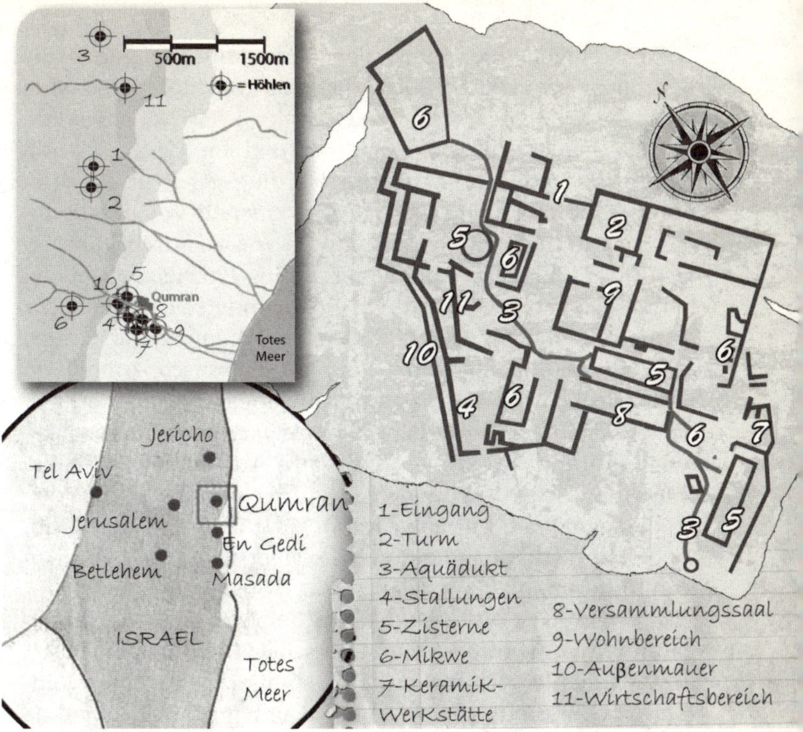

Umriss der antiken Siedlung von Qumran mit der Position jener elf Höhlen, in denen Handschriften gefunden wurden.

und zeigten dort einige Fragmente mit hebräischen und griechischen Inschriften. Wenig später lieferten sie weitere Fragmente direkt an die École biblique. In dieser Zeit war Roland de Vaux, der Leiter der Hochschule, mit einer Grabungskampagne in Qumran beschäftigt. Als er erstmals die Gelegenheit erhielt, die Fragmente zu untersuchen, war ihm sofort klar, dass die Erzählung der Beduinen, die Höhle 1 als Fundort angegeben hatten, nicht stimmen konnte, sondern die Schriftdokumente aus einer anderen Höhle stammen mussten.

Nach langen und mühsamen Verhandlungen gaben die Beduinen schließlich doch die Position der Fundstätte preis. Es handelte sich um eine Höhle in der Nähe des Wadi Murabba'at, zwischen Qumran und En Gedi. Ein von Roland de Vaux und Lankester Harding geleitetes Ausgrabungsteam fand am besagten Ort vier bereits von den Beduinen geplünderte Höhlen mit Resten von Handschriften. Eine fünfte Höhle wurde dann im Frühling 1955 wiederum von Beduinen entdeckt. Sie enthielt eine wunderschöne Rolle der kleinen Propheten, weiters Rollen aus Pergament, aber auch aus Papyrus mit Inschriften, die auf Hebräisch, Aramäisch und Griechisch verfasst waren. Am bedeutendsten war aber der Fund einiger persönlicher Briefe von Simon Bar Kochba, dem Anführer des zweiten jüdischen Aufstandes gegen die Römer. Zwischen 1951 und 1952 wurden alle Objekte aus den Höhlen von Wadi Murabba'at durch das Museum angekauft, wobei als Verkäufer mindestens elf verschiedene Beduinen und Mittelsmänner auftraten.

Im März 1952 beendete Roland de Vaux die Ausgrabungen im Wadi Murabba'at und entschied sich für eine systematische Untersuchung der Umgebung von Kirbeth Qumran. Ziel der breit angelegten Suchkampagne, die Roland de Vaux gemeinsam mit William Reed, dem Direktor der American School of Oriental Research (ASOR) in Jerusalem, durchführte, war die Entdeckung weiterer Höhlen und Manuskripte. Das Zentrum des Projektes war in Qumran angesiedelt, die Suche erstreckte sich von hier aus etwa vier Kilometer in alle Himmelsrichtungen. Mit drei Forscherteams untersuchten Jozef Milik, Dominique Barthélemy – Dominikaner und Mitglied der École biblique – und Henri de Contenson – ein französischer Archäologe vom CNRS, der von 1951 bis 1953 an der École biblique arbeitete – insgesamt 225 Höhlen, 37 davon ausführlich. In 25 Höhlen fanden sie Keramikreste, die Ähnlichkeiten mit den Keramikresten aus Höhle 1 aufwiesen. Höhle 2 wurde dann etwa 150 Meter südlich von Höhle 1 wiederum von Beduinen entdeckt, die sich als Hilfskräfte bei der Suche beteiligten.

In ihr fand man Reste von etwa 40 Schriftrollen und Scherben von Tonkrügen. Die Höhle war vor ihrer Entdeckung offensichtlich bereits einmal untersucht worden, sehr wahrscheinlich einige Jahrhunderte früher. Die Schriftrollen waren damals jedoch als uninteressant eingestuft und zum Teil zerfetzt am Boden liegen gelassen worden. Höhle 3 wurde am Abend des 14. März 1952 vom Archäologenteam des Franzosen Henri de Contenson entdeckt. Es handelt sich bei ihr um eine sehr geräumige Wohnhöhle, die sich tief in das Gebirge hinein erstreckt. Die Wissenschaftler konnten hier Scherben und Reste von zehn Schriftrollen sicherstellen. Von fünf dieser Schriftrollen war nur noch ein Fragment erhalten, den übrigen fünf Schriftrollen konnten jeweils drei bis sieben Fragmente zugeordnet werden. Interessanterweise stammten alle Fragmente aus dem oberen oder unteren Teil der Rollen bzw. aus Stellen mit Nahträndern. Ein solches Spektrum ist typisch, wenn Rollen geöffnet werden und dabei zerbrechen. Vom Verrottungszustand der Fragmente konnte man weiters darauf schließen, dass die Manuskripte ungefähr so lange am Boden gelegen haben müssen wie diejenigen aus Höhle 1. Die einzig mögliche Erklärung für den Bestand von Höhle 3 ist, dass sie viele Jahrhunderte zuvor entdeckt worden ist. Als man damals die Rollen öffnete, fielen Teile der Schriftstücke auf den Boden und wurden dort achtlos liegen gelassen, alles andere hatte man mitgenommen. Im Eingangsbereich der Höhle schließlich wurde die rätselhafteste Schrift unter allen Funden aus der judäischen Wüste freigelegt, und zwar eine in zwei Teile zerbrochene Rolle aus Kupfer.

Die unerlaubten und nichtsdestotrotz mit großem Eifer betriebenen Suchexpeditionen der Ta'amireh-Beduinen trugen im Juli 1952 einmal mehr Früchte. Sie entdeckten etwa vier Kilometer von Qumran entfernt in der Nähe eines christlichen Klosters bei Kirbeth Mird eine Sammlung von Schriftrollen, die allerdings aus der byzantinischen Zeit stammten (6.–7. Jh. n. Chr.). Die in der Folge durchgeführten archäologischen Untersuchungen in der Gegend wurden von der Universität von Löwen in Belgien finanziert, wo sich auch heute noch die gefundenen Fragmente befinden. Einen weiteren Erfolg konnten die Beduinen beinahe zeitgleich, ebenfalls im Juli 1952, erzielen. Roland de Vaux und Lankester Harding, mit denen sich die Beduinen mittlerweile beinahe angefreundet hatten, kauften alles, was ihnen angeboten wurde, und konnten dank der guten Handelsbeziehungen relativ rasch den Fundort ermitteln, bei dem es sich um eine Höhle in der Nähe von Nahal Hever handelte.

Die weitaus größte Menge an Manuskriptfragmenten wurde jedoch gegen Ende vom Sommer desselben Jahres wiederum von Beduinen entdeckt, und zwar nur 100 Meter westlich von Kirbeth Qumran. Mit einem Schlag brachten die mittlerweile zu Laienarchäologen avancierten Ziegenhirten und ihre Zwischenhändler über 15 000 Fragmente auf den Markt und als am 20. September 1952 eine Polizeistreife bei Höhle 4 eintraf, sahen die Polizisten gerade noch, wie rund 30 Beduinen die Flucht ergriffen, die bis zum letzten Moment nach Fragmenten gegraben hatten. Bereits zwei Tage später begannen Roland de Vaux und Lankester Harding mit einem ad hoc zusammengerufenen Archäologenteam die Ausgrabungsarbeiten von Höhle 4. Diese bestand aus zwei getrennten Kammern, von denen lediglich die erste von den Beduinen geplündert worden war. In der zweiten Kammer entdeckten die Archäologen Fragmente von mehr als 500 verschiedenen Rollen, ein beeindruckender Fund, der jedoch zunächst mehr Fragen stellte, als zu lösen half.

Denn angesichts der gewaltigen Mengen an Material war unerklärlich, warum in Höhle 4 ausschließlich Fragmente und keine einzige vollständige Rolle erhalten geblieben wa-

100 Meter jenseits der Schlucht, westlich der Qumran-Siedlung liegt die künstliche Höhle 4. Die ursprüngliche kleine Öffnung wurde zunächst von den Beduinen und dann von den Archäologen vergrößert. Die Beduinen ihrerseits gruben sogar einen zweiten Eingang, der es ihnen erlaubte, einfacher in die Höhle zu gelangen.

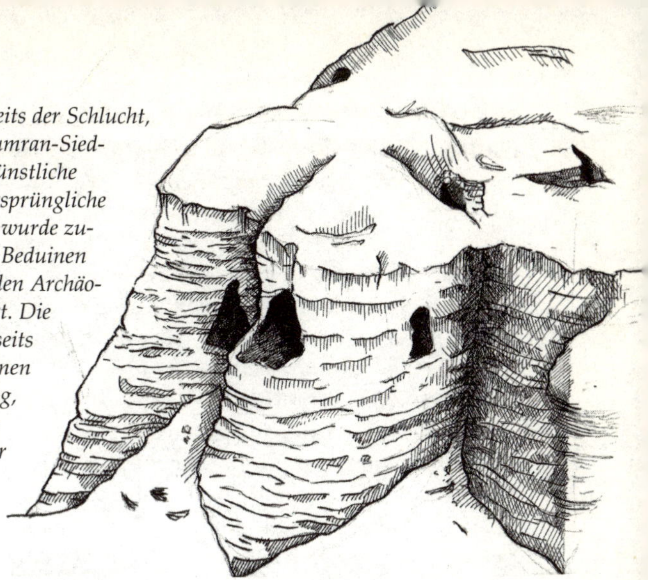

ren. Da die Beduinen zu diesem Zeitpunkt den Wert der antiken Dokumente bereits sehr genau einschätzen konnten, dürften sie wohl kaum für die Verwüstung von Höhle 4 verantwortlich gewesen sein. Viel eher sprachen die Spuren des Fäulnisprozesses sowie die Tatsache, dass die am Boden liegenden Schriftstücke bereits von Schutt überlagert waren oder man sie gar mutwillig in Gesteinsritzen gestopft hatte, dafür, dass die Rollen bereits mehrere Jahrhunderte früher geöffnet, für wertlos erachtet, zerfetzt und am Boden verstreut worden waren. In der Nähe von Höhle 4 wurden schließlich auch Höhle 5, die in der Folge von Jozef Milik ausgegraben wurde, und Höhle 6 gefunden. Bei ihnen handelt es sich um kleinere Höhlen, in denen dennoch je zwischen 30 bis 35 Schriftrollen sichergestellt werden konnten. Sie waren zwar unberührt, jedoch aufgrund der Tatsache, dass sie völlig ungeschützt gelagert worden waren, stark verrottet. In Höhle 6 wurde last but not least auch ein unbenutzter Tonkrug ausgegraben.

Die Datierungsmethoden der Handschriften
Die Paläografie ist eine Wissenschaft, die antike Schreibweisen untersucht. Durch Vergleiche der wechselnden Schriftstile kann ungefähr bestimmt werden, in welche Zeit ein Text einzuordnen ist. Für die Schriftrollen vom Toten Meer veröffentlichte 1961 Frank Moore Cross Jr. das Standardwerk für die paläografische Datierung der Schriftarten. Er unterschied drei Hauptperioden – die archaische (250–150 v. Chr.), die hasmonäische (150–30 v. Chr.) und die herodianische (30 v.–70 n. Chr.). Er fand so heraus, dass wenige Handschriften aus der archaischen, einige mehr aus der hasmonäischen, die große Mehrheit jedoch aus der herodianischen Periode stammen. Während Cross meinte, die Schrift mit einer Genauigkeit von 25 bis 50 Jahren zu datieren, blieb lange Zeit umstritten, ob aus der Paläografie einigermaßen präzise Daten zu gewinnen seien. Daher wurde immer wieder eine Massenspektrografie – eine verfeinerte Form der Karbon-14-Methode – verlangt. Während die Karbon-14-Methode eine verhältnismäßig große Menge an Material braucht, das unwiederbringbar verloren geht, braucht die Massenspektrografie nur einen Bruchteil davon. 14 Dokumente wurden 1990 mit dieser Methode getestet und die Ergebnisse decken sich großenteils mit den paläografischen Datierungen. Ein exakter Beweis ist das zwar immer noch nicht, die Massenspektrografie zeigt aber deutlich, dass die Handschriften von Qumran keine Kopien aus dem Mittelalter sind, sondern aus dem ersten Jahrhundert vor bzw. nach Christus stammen.

Im Zuge der vierten Grabungskampagne, die Pater Roland de Vaux in Kirbeth Qumran durchführte, wurden im Frühling 1955 die Höhlen 7, 8, 9 und 10 entdeckt. Sie waren sehr wahrscheinlich Wohn- und Arbeitshöhlen und enthielten lediglich einige wenige Fragmente, bei denen es sich um einzelne Teile von Schriftrollen handeln dürfte, die unsachgemäß geöffnet und daher beschädigt worden waren. In Höhle 7 wurden Reste von 17 Schriftrollen entdeckt, und zwar je ein Fragment pro Rolle. Von drei weiteren Rollen waren noch zwei Fragmente vorhanden, Höhle 8 enthielt lediglich Fragmente aus drei Schriftrollen und in Höhle 9 fand man überhaupt nur ein einziges Bruchstück eines Schriftdokumentes. Interessant, wenngleich wenig ergiebig, war Höhle 10, in der man eine Tonscherbe freilegte, die den Abdruck von zwei Buchstaben aufwies. Während die Rollen aus Höhle 7, 8 und 9 – wie auch jene aus Höhle 3 – sehr wahrscheinlich bereits vor Jahrhunderten entfernt worden waren, dürften in der lediglich als Wohnstätte genützten Höhle 10 von Anfang an keine Schriftstücke vorhanden gewesen sein. 1955 begann Yigael Yadin Ausgrabungen in Masada, der letzten Festung des jüdischen Widerstandes gegen die Römer, und fand mehrere Papyren sowie gut erhaltene Pergamentrollen, die jenen aus den elf Höhlen in der Nähe von Qumran überraschend ähnlich waren.

Die 11. und letzte Höhle in der Nähe von Qumran wurde im Februar 1956 von Beduinen entdeckt und war zu diesem Zeitpunkt noch verschlossen. Sie liegt südlich von Höhle 3, etwa zwei Kilometer nördlich der Siedlung und enthielt 23 Schriftrollen oder Manuskripte. Zusammen mit Höhle 1 war Höhle 11 der einzige Fundort, an dem vollständige Rollen geborgen werden konnten. Es ist jedoch keineswegs gewiss, ob bzw. wie viele Schriftstücke aus dieser Höhle infolge der politischen Wirren dieser Zeit in die Hände von Privatpersonen gelangt sind. Fälle wie jener der Tempelrolle, die erst 10 Jahre nach der Erforschung von Höhle 11 von den Israelis beschlagnahmt werden konnte, legen die Vermutung nahe, dass ein Teil der antiken Dokumente der Öffentlichkeit noch nicht zugänglich ist und bis auf weiteres auch nicht sein wird.

Die Beduinen hörten so schnell jedoch nicht auf, nach weiteren Schätzen zu suchen. Im Frühjahr 1958 fanden sie Schriftrollenfragmente in einer kleinen Höhle in der Nähe von En

Die Tempelrolle ist die letzte vollständige Rolle, die gefunden wurde. Sie ist beinahe neun Meter lang und bis auf die ersten Spalten sowie den oberen Rand vollständig erhalten. Sie stammt wahrscheinlich aus Höhle 11 und wurde 1977 von Yigael Yadin veröffentlicht.

Gedi. Im März 1959 begann ein Archäologenteam aus Israel die Höhlen von Nahal Hever aufwändig auszugraben und wurde mit etwa 40 Papyrusdokumenten aus der Zeit zwischen erstem und zweitem jüdischen Aufstand belohnt. Damit lieferte es der wissenschaftlichen Gemeinschaft den bisher letzten beachtenswerten Fund. Bis 1967 nämlich hatten die Beduinen immer wieder Fragmente zum Kauf angeboten. Mit der Eroberung der West Bank durch Israel nahm dieser Handel aber ein jähes Ende. Ursache dafür dürfte zum einen der Umstand gewesen sein, dass die bis dato sehr geschickt agierenden Mittelsmänner der Beduinen im nunmehr israelischen Territorium weder die geeigneten Beziehungen hatten noch Möglichkeiten, aktiv tätig zu werden. Zum anderen wird das rohe Vorgehen seitens Yigael Yadin, der den Schuhmacher Kando festnehmen, verhören und schließlich enteignen hatte lassen, die Beduinen und andere Schriftrolleneigentümer sowohl verärgert als auch eingeschüchtert haben. Daher muss man leider davon ausgehen, dass all das Material, das nach 1967 illegal gefunden wurde, heute im Besitz von privaten Sammlern ist.

Die Schriftrollen

Wenden wir uns nun den Texten selbst zu: Auch wenn dies in der Vergangenheit häufig geschehen ist, kann es vom aktuellen Stand der Forschung nicht mehr als legitim gelten, die Handschriften allesamt einer einzigen Gemeinschaft zuzuschreiben, und man sollte sie daher auch nicht in essenische (sektiererische) oder nichtessenische (nichtsektiererische) Schriften unterteilen. Wir möchten daher den Versuch einer allgemeinen Systematisierung unternehmen, die einerseits zeigen wird, dass unter den Manuskripten sehr viele unterschiedliche Gattungen festzustellen sind, und andererseits, dass es zwischen den Texten sehr wohl Parallelen gibt, die auf einen gemeinsamen Ursprung mancher Manuskripte schließen lassen. Neben diesen Berührungspunkten und neben den verschiedenen Gattungen sind aber auch Unterschiede in den sozialen und theologischen Ansichten nachzuweisen, die auf den jeweiligen Zeitpunkt der Entstehung und die jeweilige Autorengemeinschaft zurückzuführen sind. Trotz dieser Feinheiten bleibt der gemeinsame kulturelle und religiöse Hintergrund stets präsent. Dieser ist priesterlich geprägt, und zwar auch dort, wo man sich kritisch vom offiziellen Priestertum am Jerusalemer Tempel abhebt.

Die Beschriftung einer Pergamentrolle
Unter Pergament versteht man eine abgezogene, gewaschene, eingeweichte und von Fleisch bzw. Haaren befreite Tierhaut. Aus dem rohen Pergament wurden gleichmäßige Blätter geschnitten und dann zusammengenäht, wobei auf jedem Blatt Ränder und Zeilen eingezeichnet wurden,

um auf diese Weise die Arbeit des Schreibers zu vereinfachen. Geschrieben wurde in gleichmäßig breiten Spalten, je nach Blattbreite war Platz für zwei oder drei Spalten. Die Schreiber gebrauchten Rohfedern und eine auf Kohlenbasis hergestellte Tinte. Auffällig ist, dass Schreibstil und Niveau stark variieren, sind manche Schriftrollen doch sorgsam und ordentlich abgefasst, manch andere hingegen achtlos und schlampig hingekritzelt.

Gemeindeordnungen und Ausbildungstexte
Eine der am besten erhaltenen Rollen aus Höhle 1 ist die so genannte „Gemeinderegel" (hebräisch: serek hajahad). Sie ist etwa zwei Meter lang und beschreibt die Prinzipien, nach denen das Leben einer rituell reinen Gemeinschaft aus Juden organisiert werden soll. Der fragmentarische Text beginnt mit einer Mahnung und beschreibt – unmittelbar danach – das Verfahren für ein jährlich wiederkehrendes Fest der Bundeserneuerung. Der skizzierte Bund gilt für die Kinder des Lichtes, die sich in einem ständigen Kampf gegen die Kinder der Finsternis befinden. Im Anschluss an die Ausführungen zum Gottesbund befasst sich die Schrift mit Disziplinarfragen und mit dem Vorgehen bei der Zulassung von neuen Mitgliedern, die nach einer zweijährigen Probezeit im Rahmen eines Festmahles in die Gemeinschaft aufgenommen werden. Höhepunkt und unüberbietbarer Ausdruck der neu entstandenen Einheit war das gemeinsame Trinken von Wein.

Aus der „Gemeinderegel"
„Und das ist die Regel für die Jahad in Israel für die letzten Tage. Wenn sie gehen werden in Gemeinschaft, im Einklang mit den Vorschriften der Kinder von Zadok, den Priestern und den Männern ihres Bundes, die sich vom Weg der Völker abgewendet haben. Diese sind die Männer seiner Versammlung, die diesen Bund gehalten haben in der Mitte der Frevler, um Sühne für die Erde zu erwirken.

Wenn sie kommen, werden sie alle Kommenden zu sich versammeln, auch Kinder und Frauen. Und sie werden zu ihren Ohren reden alle Vorschriften des Bundes und sie werden sie in allen Regeln und Geboten unterweisen, sodass sie nicht mehr in ihren Fehlern verharren werden."

Die Gemeinderegel enthält keine historischen Daten und dürfte in ihrer Endfassung eine Zusammensetzung aus unterschiedlichen Texten gewesen sein, die nach und nach zusammengewachsen sind. Trotz der anhaltenden Bemühungen, in 1QS Zeugnisse einer essenischen Autorenschaft nachzuweisen oder gar die Regel, die das Leben der Bewohner von Qumran bestimmte, herauszukristallisieren, bleibt einzuwenden, dass die Jahad – wie sich die Gemeinschaft selbst bezeichnet – nicht mit den Essenern gleichzusetzen ist. Vielmehr dürfte es sich bei der Jahad um eine eigenständige, bis zum Jahr 1947 in der Forschung völlig unbekannte Gruppierung innerhalb des Judentums gehandelt haben. Die Organisation dieser stark priesterlich ausgerichteten Gemeinschaft war sehr straff. Lüge, Verleumdung und Nacktheit waren gleichermaßen verboten, wobei sich das Spektrum der Strafen von der Kürzung des Essens bis hin zum sofortigen Ausschluss erstreckte.

Auf die genannten Verhaltensregeln bzw. die Festlegung der Sanktionen hin beschreibt der Text Wesen und Erscheinungsbild einer zukünftigen idealen Gemeinde. In diesem Zusammenhang werden pädagogische Maßnahmen für die Erziehung der Kinder dargestellt, die jedenfalls unter der Autorität der Priester zu erfolgen hat. Auch die Erwartungen des Messias stehen in einer priesterlichen Perspektive, wie besonders am Ende der Schrift deutlich wird. Ganz konkret erwartete die Jahad die Ankunft von zwei Messiassen, wobei dem einen die Funktion eines Priesters und dem anderen die Funktion eines Fürsten zukommen sollte. Ersterer Messias hatte jedoch eine unübersehbar größere Bedeutung –

wie die Jahad ihre vom offiziellen Tempel getrennte Existenz überhaupt klar priesterlich argumentierte, ja die eigene Gemeinschaft als „geistigen" Tempel ansah.

Die zweite wichtige Schrift dieser Gruppe ist die „Damaskusschrift", auch als CD (von „Cairo Damaskus") abgekürzt, von der in der judäischen Wüste insgesamt elf verschiedene Exemplare gefunden wurden, und zwar in den Höhlen 4, 5 und 6. Von dieser guten Quellenlage einmal abgesehen war CD bereits vor 1947 bekannt. Der Dozent für rabbinische Studien, Salomon Schechter, nämlich besaß bereits 1896 zwei mittelalterliche Kopien der Damaskusschrift, die er in der Abstellkammer einer Synagoge in Kairo gefunden hatte. Inhaltlich befasst sich CD – im Anschluss an eine Sammlung von Mahnreden, die beschreiben, wie Gott die Gerechten lohnt und die Frevler bestraft – mit einer ganzen Reihe von Gesetzen.

Im ersten Teil des Dokumentes wird die Art und Weise beschrieben, wie die vom „Lehrer der Gerechtigkeit" geleitete Gemeinschaft mit Gott einen neuen Bund schließt. Der zweite Teil umfasst mehrere Rechtssammlungen für das Leben einer jüdischen Gemeinschaft, die sich nach diesem neuen Bund ausrichten will. Die Regelungen sind im Wesentlichen Interpretationen und Aktualisierungen von Gesetzen aus der Tora. Damit aber ist die Damaskusschrift eines der frühesten Zeugnisse von einer Gemeinschaft, die sich unverhohlen vom „offiziellen" Judentum distanziert, ja, sich offensichtlich bereits abgespaltet hat. Wie auch 1QS beweist CD die Existenz starker Abspaltungsbewegungen im Judentum der ersten beiden Jahrhunderte vor Christus. Diese mit theologischen Argumenten gerechtfertigten Abspaltungen belegen, dass es innerhalb der jüdisch-religiösen Gesellschaft große Differenzen gegeben hat. Da in beiden Fällen die Autoren priesterlichen Kreisen zuzuordnen sind, wird weiters ersichtlich, dass zur damaligen Zeit auch die Rolle des Tempels und die Rolle der Priester, die ihren Dienst am Tempel verrichtet haben, alles andere als unumstritten waren. Weder 1QS noch CD können ohne weiteres als offizielle Regel der „Qumran-Gemeinschaft“ identifiziert werden. Nichtsdestotrotz lassen sie die Möglichkeit offen, dass die Siedlung von Qumran zu der Zeit, als sie in ihrer Blüte stand, von einer sektenartigen Gruppierung priesterlicher Abstammung und Orientierung bewohnt war, die sich aufgrund von unüberwindbaren Differenzen vom Priestertum des Jerusalemer Tempels abgesondert hatte.

4Q175 wurde 1968 zusammen mit anderen Fragmenten aus Höhle 4 publiziert und trägt den Namen „Testimonia“ (lateinisch: Zeugnisse), worunter die Juden auch frühe christliche Sammlungen ausgewählter biblischer Textstellen verstanden, die zum Gebrauch bei Streitgesprächen zusammengestellt wurden. Das Thema von 4Q175 ist die göttliche Aktivität in der Endzeit. Wenngleich der Text nur aus einem einzigen Pergamentblatt besteht, ist er als Beleg einer einzigartigen Literaturgattung dennoch beachtenswert. Nicht zuletzt deshalb, da er eine tiefe Auseinandersetzung mit heiligen Texten dokumentiert, sowie das Bemühen, den Mitgliedern der eigenen religiösen Gruppierung Material zur Verfügung zu stellen, mithilfe dessen sie im Disput mit Gegnern, den Vertretern anderer theologischer Schulen, Erfolg haben würden.

Kommentare und Apokryphen von biblischen Texten

Eine zweite wichtige Gruppe von Schriften, die in den Höhlen vom Toten Meer gefunden worden sind, heißt Pesharim. Pesher ist die Bezeichnung für einen Kommentar zu jenen hebräischen Texten, die später in die jüdische und auch in die christliche Bibel aufgenommen worden sind. Die ausschließlich in den Rollen vom Toten Meer belegten Pesharim befassen sich mit den Prophetenbüchern sowie mit dem Psalter. Sie sind von der Struktur her einheitlich und zitieren zunächst einen oder einige wenige Verse, bevor unmittelbar anschließend eine aktualisierende Interpretation folgt. Wenngleich die Deutungen der aufeinanderfolgenden Verse selten einen inhaltlichen Zusammenhang ergeben, sind die Pesharim nichtsdestotrotz beachtenswerte Zeugnisse für eine Gesellschaft, die sich bemüht hat, das Wort Gottes im Hier und Jetzt zu begreifen.

Der berühmteste derartige Text ist der „Pesher zum Buch Habakuk", der aus Höhle 1 stammt und der längste und zugleich am besten erhaltene Pesher ist. Unmittelbar angesprochen wird dabei der „Lehrer der Gerechtigkeit", im Hinblick auf dessen Kampf gegen den „Frevelpriester" und den „Mann der Lüge" der biblische Text gedeutet wird. Diese Bezeichnungen werden jedoch nicht mit konkreten Namen in Verbindung gebracht, weshalb über die Identifikation der angesprochenen Negativgestalten nur Vermutungen angestellt werden können. Ähnliches gilt für die beschriebenen Ereignisse, deren Historizität mehr als fragwürdig ist. Umso unverantwortlicher war es auch, wenn selbst anerkannte Forscher generationenlang die vermeintliche Geschichte der vermeintlichen „Qumran-Gemeinde" anhand solcher nichthistorischer Texte zu rekonstruieren versucht haben. Wenngleich man auch heute von einem wissenschaftlichen Konsens zur Geschichte der Qumran-Siedlung noch weit entfernt ist, gilt ein derartiges Vorgehen gegenwärtig jedenfalls als unseriös.

Aus dem „Pesher zum Buch Habakuk"
„Schaut her, Verräter, und seht, seid bestürzt und verwundert, denn JHWH tut etwas in eurer Zeit, das ihr nicht glauben würdet, wenn euch davon berichtet wird [Hab 1,5]. Dies wendet sich an die Verräter mit dem ‚Mann' der Lüge, weil sie nicht gehorcht haben den Worten des ‚Lehrers der Gerechtigkeit' aus dem Mund Gottes. Dies wendet sich auch an die Verräter des neuen Bundes, weil sie nicht an Gottes Bund geglaubt und seinen heiligen Namen entweiht haben. [...]

Denn nun stachle ich die Chaldäer an, dieses gewalttätige und rücksichtslose Volk [Hab 1,6]. Dies bezieht sich auf die Kittim [i. e. die Römer], die gefinkelt und stark sind. Sie vernichten viele Menschen mit ihrer Macht, indem sie Krieg führen. Die Kittim und die Frevler haben kein Vertrauen in die Gesetze Gottes."

Die am wenigsten gut erhaltene Schrift aus Höhle 1 ist das so genannte „Genesis-Apokryphon", das aufgrund des schwerwiegenden Verrottungszustandes und einer Teerverklebung erst 1956 entrollt werden konnte. Die erste Bezeichnung für 1QapGen war „Lamech-Apokalypse" – nach der biblischen Gestalt aus dem Buch Genesis, die als Erzähler präsentiert wird. Das Ziel dieser auf Aramäisch verfassten Sammlung von Geschichten rund um die Patriarchen der Genesis ist klar interpretatorisch. Mit dem Ziel, Unklarheiten und mögliche Missverständnisse des biblischen Textes aus dem Weg zu räumen, werden biblische Texte und Materialien aus anderen, heute unbekannten Quellen miteinander verknüpft und ergeben somit eine eindeutige Aussage. Beispielsweise wird klargestellt, dass Noach der rechtmäßige Sohn Lamechs war, oder, dass Sarah, die Frau Abrahams, von solcher Schönheit war, dass ein Mann sich nur in sie verlieben konnte. Neben theologischen Absichten werden auch folkloristische Elemente eingebaut, welche damals in den populären Versionen der Genesiserzählungen enthalten gewesen sein dürften.

Aus dem „Genesis-Apokryphon"

„Sarah, wie prächtig und schön ist der Anblick ihres Gesichtes und wie geschmeidig ist ihr Haar. Wie reizend sind ihre Augen, wie bezaubernd ihre Nase und ihr strahlendes Gesicht. Wie wohlgeformt sind ihre Brüste und wie herrlich ist ihre Schönheit. Ihre Arme, wie anziehend. Ihre Hände, wie vollkommen, wie reizend ist der Anblick ihrer Hände. Wie zart sind ihre Handflächen, wie lang und fein ihre Finger. Ihre Füße, wie niedlich. Wie makellos sind ihre Oberschenkel, es gibt keine Jungfrau und keine Braut, die sie an Zauber überträfe. Alle anderen Frauen überragt sie an Schönheit, ihr Liebreiz überflügelt den aller anderen. Doch zusammen mit all dieser Anziehungskraft verfügt sie über große Weisheit und alles an ihr ist wunderbar."

Das Werk, welches die Forscher jedoch am meisten beeindruckt hat, ist das „Reworked Pentateuch" (englisch: Überarbeitetes Pentateuch). Es handelt sich dabei um eine paraphrasierte Nacherzählung der fünf Bücher des Pentateuch, eine Rolle, die ursprünglich 25 Meter lang gewesen sein dürfte, von der jedoch nur 186 Fragmente erhalten sind. Um die biblische Erzählung zu glätten und verständlicher zu machen, werden Texte, die thematisch ähnlich sind, nebeneinandergestellt, Erzählungen, die im Pentateuch ohne Einführung vorkommen, nicht beendet oder knapp gehalten sind, ergänzt und wieder andere Erzählungen mit in der heutigen Bibel unbekannten Details ausgeschmückt. Obwohl der uns erhaltene Text – wie gesagt – sehr fragmentarisch ist, lässt sich dennoch feststellen, dass nicht nur hinzugefügt, sondern auch vieles ausgelassen wurde, ja mit dem biblischen Text durchaus wählerisch umgegangen wurde. Daraus aber wird ersichtlich, dass der biblische Text – anders, als die Exegeten vor 1947 angenommen hatten – zur damaligen Zeit noch nicht eine definitiv unveränderbare Gestalt angenommen hatte.

Von diesen drei exemplarisch herausgegriffenen Dokumenten abgesehen, gibt es unter den Schriftrollen vom Toten Meer noch eine ganze Reihe anderer Pesharim – wie etwa zu den Büchern Nahum, Hosea, Maleachi und Micha – sowie zahlreiche andere Werke, die sich mit Erzählungen aus der Zeit der Patriarchen beschäftigen („Worte des Mose", „Genesis-Kommentar" etc.). Darüber hinaus wurden einige Targume gefunden, d. h. aramäische Wiedergaben von biblischen Büchern. Da Hebräisch in der römischen Zeit außer in der Liturgie kaum mehr gesprochen und vom gemeinen Volk jedenfalls nicht verstanden wurde, war es üblich, auf die hebräische Lesung eine Übersetzung der Perikope in der Sprache des Volkes, dem Aramäischen, folgen zu lassen. Targume wie jene zum Buch Levitikus oder zum Buch Hiob sind einfache Übersetzungen, in späterer rabbinischer Zeit wurden die Targume häufig mit Interpretationen und zusätzlichen Details versehen.

Apokalyptische Texte

Eines der ersten Schriftdokumente, welches die Beduinen in Höhle 1 gefunden hatten, war eine beinahe vollständig erhaltene Rolle, die nach ihrer Öffnung und Rekonstruktion als „Kriegsrolle" betitelt wurde: 1QM (von Milhama, hebräisch: Krieg). Das Werk beschreibt einen endzeitlichen, heiligen Krieg, der alle Kriege beenden wird. Dieser Endkampf wird zwischen zwei Parteien ausgetragen, die als Söhne des Lichtes und Söhne der Finsternis umschrieben sind. Die bösen Söhne der Finsternis werden von den „Kittim" angeführt, eine Bezeichnung, die innerhalb der Schriftrollen meist für die Kräfte des römischen Imperiums gebraucht wird. Wenngleich der Krieg sich über 40 Jahre erstreckt, kommt dem letzten Tag besondere Bedeutung zu, weshalb ihm auch eine detaillierte Beschreibung gewidmet ist. Nach sechs Gefechten stehen sich die Söhne des Lichtes und die Söhne der Finsternis gegenüber, die siebte und entscheidende Begegnung wird unmittelbar durch Gott entschieden, der allein das Böse zu überwinden vermag.

Wenngleich die Kriegshandlungen sehr konkret beschrieben werden, bleibt das Umfeld der Kämpfe stark liturgisch geprägt, Priester beten und bringen Opfer dar, die Soldaten werden mehr wie Tempeldiener denn wie Krieger skizziert. Visionen wie diese, die sich mit dem Endsieg des Guten über das Böse befassen, sind in der antiken jüdischen Literatur natürlich keine Seltenheit. Dennoch war 1QM ein bedeutender Fund. Und zwar nicht bloß aufgrund des guten Zustandes der Schrift, sondern weil 1QMilhama mit seiner Darstellung eines liturgischen Krieges einen guten Einblick in die Empfindungen, Sehnsüchte und Hoffnungen der damaligen jüdischen Gesellschaft gibt, welche in der brutalen, militärischen Intervention der Römer ein tragisches Ende nehmen sollten.

Aus der „Kriegsrolle"
„Der erste Angriff der Kinder des Lichtes soll gegen die Streitmächte der Kinder der Finsternis erfolgen, das Heer des Belial. Diejenigen, die diese unterstützen, sind die, die den Bund verletzt haben. Jene, die ausgezogen sind in die Wüste, werden gegen sie kämpfen mit allen ihren Heerscharen, wenn die Verbannten der Kinder des Lichtes aus der Wüste der Nationen wiederkehren und in der Wüste Jerusalems lagern werden. [...] Und dann soll sich der Oberpriester aufstellen und seine Brüder, die Priester, die Leviten und alle Ältesten der Streitmacht mit ihm. Sie sollen von ihrer Position den Gott Israels und alle seine Werke der Wahrheit preisen und dort sollen sie Belial und die Geister seiner Streitkräfte verfluchen."

Ebenfalls um eine Apokalypse handelt es sich beim Henoch-Buch, das bis zu der Entdeckung einer ursprünglichen aramäischen Fassung in der judäischen Wüste lediglich in einer altäthiopischen Übersetzung bekannt war. Die in Fragmenten vorgefundene Schrift präsentiert göttliche Weisheiten, die Henoch – der laut biblischer Überlieferung nicht gestorben ist, sondern im Alter von 365 Jahren zu Gott entrückt wurde – von einem Engel geoffenbart worden sind. Der Text umfasst mehr als 100 Kapitel und ist in fünf Blöcke gegliedert. Die Theologie des Henoch-Buches dürfte für einen Teil der Juden in hasmonäischer Zeit maßgebend gewesen sein: Die Sünde kommt demnach aus der himmlischen Welt, das Leben der Menschen ist stark vorherbestimmt. Im zweiten Teil beschäftigt sich das Henoch-Buch mit astronomischen Fragen, im Speziellen mit einem Kalender, der nicht dem Mond, sondern der Sonne folgt, wie dies auch in anderen Schriften vom Toten Meer der Fall ist, nicht aber in der Überlieferung des offiziellen Judentums.

Der im Aramäischen überlieferte Text „Neues Jerusalem" besteht aus sehr fragmentarischen Handschriften, die an unterschiedlichen Fundstätten, nämlich in den Höhlen 1, 2, 4, 5 und 11 gefunden worden sind. Er bietet einen geführten Rundgang durch eine Stadt von enormen Ausmaßen, bei der es sich vermutlich um das Jerusalem der Endzeit handelt. Dabei geht es den Autoren ganz entscheidend um Größenverhältnisse und Ausdehnungen, die Stadt, ihre Gebäudeblöcke, Tore, Türme und Straßen werden vermessen. Nach diesen detaillierten Beschreibungen erreicht die eschatologische Vision in der Darstellung des Priesters, der im Tempel seinen Dienst verrichtet, ihren Höhepunkt. Die eschatologische Funktion der Stadt Jerusalem dürfte in dieser Schrift deshalb so zentral sein, weil sich die Geschichte – in den Augen des Verfassers – ihrem Ende nähert und es nun gilt, Jerusalem als eine unter den anderen Metropolen der damaligen Welt hervorragende, wunderschöne und durch einen neuen Tempel gekrönte Stadt hervorzuheben. Die deutlich spürbare, wenngleich stets subtile Kritik am tatsächlichen Jerusalem und an seinem realen Tempel ist nicht zu verkennen.

Aus dem „Neuen Jerusalem"
„So zeigte er mir die Maße aller Blöcke, zwischen jedem Block war eine sechs Ruten breite Straße, das sind zweiundzwanzig Ellen. Die Hauptstraßen, die von Ost nach West verliefen, maßen zehn Ruten. Eine dritte Straße, die sich im Norden des Tempels befand, maß achtzehn Ruten in der Breite. Die Breite der Straße, die von Süden nach Norden verlief, maß neun Ruten. Und jede Straße und die Stadt selbst waren gepflastert mit weißem Stein."

Ähnlich der „Testimonia" arbeiten auch die Autoren von 4Q174 („Florilegium" oder „Anthologie") mit der raffinierten Kombination von Textpassagen, wobei die nach dem Analogieprinzip aneinandergereihten Bibelstellen Hinweise über die letzten Tagen der Menschheit geben sollen. Dabei kommen Weissagungen über die Gegner der Autorengruppe ebenso vor wie – zumindest zwei – messianische Gestalten und ein neuer Tempel. Dieser Tempel ist jedoch geistig zu verstehen und wird von den Mitgliedern der Gemeinschaft gebildet. In ähnlicher Weise spricht übrigens das Neue Testament im Brief des Paulus an die Epheser von den Christen, ein Umstand, der jedoch nicht mögliche Kontakte zwischen Paulus und der vermeintlichen Qumran-Gemeinde beweist, sondern vielmehr zeigt, dass der Hintergrund der neutestamentlichen Schriften ein zutiefst jüdischer war.

Die endgültige Erlösung Israels ist schließlich das Thema eines äußerst fragmentarischen, dennoch aber bedeutsamen Textes aus Höhle 11, des Dokuments über Melchisedek. Die Gestalt des Melchisedek als König und Priester kommt auch im Alten Testament vor und stellt innerhalb der priesterlich orientierten Theologie der Schriftrollen ein wichtiges Vorbild dar, ganz besonders für die eschatologisch-apokalyptischen Hoffnungen jener Menschen, die einen doppelten Messias – eben einen König-Messias und einen Priester-Messias – erwarteten. Die Melchisedek-Schrift jedenfalls verbindet unterschiedliche biblische Passagen, die mit dem Ziel gesammelt und ausgelegt werden, die endgültige Erlösung des Volkes am Versöhnungstag zu beschreiben, welche durch ein vom Priester Melchisedek dargebrachtes Opfer gewirkt wird. Dieses Ereignis leitet das Ende der Weltgeschichte ein, die – wie im Henoch-Buch und im biblischen Buch Daniel – nach zehn Jubiläen (490 Jahre) vollendet wird. Auch in diesem Fall spielen gemeinsame kulturgeschichtliche Hintergründe zwischen dem Alten Testament und den Schriften vom Toten Meer eine große Rolle.

Gesetzestexte
Die längste erhaltene Rolle trägt den Namen „Tempelrolle". Ihr Herausgeber Yigael Yadin wählte diese Bezeichnung, da die ersten Kolumnen der Rolle den Bauplan für einen neuen Tempel enthalten. Zusammen mit dem neuen, in gewaltigen Ausmaßen beschriebenen Tempel werden ein neuer Festkalender, neue Opfervorschriften, ja, eine neu organisierte Legislation, schlicht eine neue Gesellschaft präsentiert. Dabei deutet sowohl die explizite Betonung der Funktion des Priesters als auch die große Aufmerksamkeit für Rituale, Reinheit und Opfer auf einen priesterlichen Ursprung hin. Eine klare Abgrenzung vom offiziellen Priestertum wird zum einen dadurch erzielt, dass der neue Tempel selbst schon Kritik am tatsächlichen Tempel ist, zum anderen, indem die Vorschriften aus dem biblischen Buch Deuteronomium verändert, umformuliert und aktualisiert werden – eine klare Absage also an das amtierende Priestertum, den damaligen Garanten der deuteronomischen Vorschriften.

Wenngleich die göttlichen Gesetze im Deuteronomium von Mose präsentiert werden, klammert die Tempelrolle die Figur des Mose gänzlich aus und lässt die Weisungen unmittelbar aus dem Mund Gottes kommen. Auf diese Weise nehmen die Tempelrolle und ihre Autoren für sich in Anspruch, im direkten Kontakt mit JHWH zu stehen, und befreien sich somit vom Einfluss der am Jerusalemer Tempel amtierenden Priester, die als autoritative Instanz für die Interpretation des Gesetzes galten. Mit ihrem selbstbewussten Umgang mit dem göttlichen Gesetz belegt die Tempelrolle, dass autoritative Bücher wie das Deuteronomium um Christi Geburt durchaus noch interpretiert werden durften. Darüber hinaus beweist sie die Existenz einer weiteren priesterlich orientierten Gruppierung innerhalb der jüdischen Gesellschaft, die im deutlichen Kontrast zum offiziellen Priestertum stand.

Aus der „Tempelrolle"
„Am Zehnten dieses Monats ist der Tag der Versöhnung. Ihr sollt Demut üben an ihm, in der Tat soll jeder, der nicht Demut übt an genau diesem Tag, von seinem Volk getrennt werden. Ihr sollt JHWH ein Brandopfer darbringen an ihm: einen Stier oder einen Widder und sieben männliche Lämmer, zusammen mit einem Ziegenbock als Sühneopfer [...] Und sie werden Gefallen finden; sie werden mein Volk sein, und ich will ihnen gehören, für immer. Ich werde wohnen mit ihnen in alle Ewigkeit. Ich werde meinen Tempel heilig machen mit meiner Herrlichkeit, denn ich will meine Herrlichkeit über ihnen bis zum Tag der Schöpfung wohnen lassen, wenn ich selbst meinen Tempel bauen werde. Ich will ihn errichten für immer, in Erfüllung des Bundes, den ich mit Jakob in Bet El geschlossen habe."

Äußerst interessant ist weiters der in Form eines Briefes verfasste Text 4QMMT (Miqsat Ma'ase ha-Tora, hebräisch: Einige Werke der Tora), in dem die Anschauungen einer wieder anderen Gemeinschaft im Hinblick auf die Auslegung einiger Gesetze angegriffen und in Frage gestellt werden. Manche Forscher haben in dieser Schrift ein Werk des „Lehrers der Gerechtigkeit" sehen wollen, andere meinten, Ähnlichkeiten mit der theologischen Orientierung der Sadduzäer feststellen zu können. Sie alle haben sich jedenfalls bemüht, diese unsicheren Parallelen in der Folge auf die Gesamtheit der Schriften vom Toten Meer auszuweiten, und sind damit gewiss im Unrecht. 4QMMT bietet eine Auslegung mancher Gesetzestexte, wie sie im antiken Judentum durchaus üblich war – nicht mehr und nicht weniger. Damit ist der Brief ein Beleg für die Gespaltenheit der jüdischen Gesellschaft in Bezug auf die Interpretation der heiligen Schriften. Und sie zeigt auf, dass unterschiedliche Auffassungen durchaus legitim waren. Dass sich der Text gerade nicht den Sadduzäern oder den Essenern zuschreiben lässt, legt schlussendlich die Vermutung nahe, dass eine weitere, bis 1947 unbekannte Gruppe innerhalb des Judentums für seine Entstehung verantwortlich gewesen ist.

Drei Fragmente aus 4QMMT. Die Mehrheit der Handschriften aus Höhle 4 befand sich in einem ähnlich fragmentarischen Zustand.
Die Rekonstruktion der Texte beschäftigte Wissenschaftler jahrzehntelang. Elisha Qimron, der 4QMMT schließlich rekonstruiert hat, wurden 1993 von einem Jerusalemer Bezirksgericht die Urheberrechte für die „kreative" Erarbeitung der Rekonstruktion zuerkannt.

Aus „4QMMT"
„Was Flüssigkeitsströme betrifft, haben wir beschlossen, dass sie nicht wirklich rein sind. Tatsächlich bilden Flüssigkeitsströme keine Barriere zwischen dem Unreinen und dem Reinen. Denn die Flüssigkeit, die fließt, und die, die in einem Behältnis ist, werden zu einer einzigen Flüssigkeit. Was Hunde betrifft, so darf man Hunde nicht ins heilige Lager bringen, denn sie könnten einige der Knochen vom Heiligtum fressen und das Fleisch, das noch an ihnen ist. Denn Jerusalem ist das heilige Lager. Es ist der Ort, den er erwählt hat unter allen Stämmen Israels, denn Jerusalem ist das erste unter den Lagern Israels."

Ähnlich wie das Henoch-Buch war auch das „Jubiläenbuch" bereits in einer altäthiopischen Übersetzung bekannt, bevor in den Höhlen 1, 3, 4 und 11 Fragmente einer hebräischen Vorlage gefunden wurden. Inhalt der Schrift sind die Ereignisse von der Schöpfung bis zur Übergabe des Gesetzes an Mose, die innerbiblisch im Buch Exodus erzählt werden. Diese Geschehnisse nun werden in 50 Perioden von 7 x 7 Jahren (Jubiläen) eingeteilt und darüber hinaus häufig herangezogen, wo Gesetze und Interpretationen von Gesetzen innerhalb der Geschichte eingeführt werden sollen. Interessant ist dabei besonders die Art und Weise der Vermittlung der Vorschriften: Laut Jubiläenbuch nämlich liest Gott in einem Buch, ein Engel hört ihm zu und diktiert Mose seinerseits das, was ihm offenbart worden ist, sodass dieser das Jubiläenbuch schreiben kann. Anders in der Bibel, wo Mose als direkter Ansprechpartner Gottes fungiert. Durch diese Änderung im Jubiläenbuch, wodurch nämlich die Rolle Moses' als Ausleger des Gesetzes relativiert wird, reduziert sich auch die Bedeutung der Nachfolger des Moses, nämlich der offiziellen Priester des Jerusalemer Tempels. Da die Autoren des Jubiläenbuches aber mit großer Wahrscheinlichkeit ebenfalls aus priesterlichen Kreisen stammten, spiegelt die Schrift nicht nur innerjüdische, sondern vielmehr zwischenpriesterliche Auseinandersetzungen in der Hasmonäer-Zeit wider.

In Höhle 4 wurden schließlich drei Exemplare eines Textes entdeckt, der unter dem Namen „Ordinances" (englisch: Verordnungen) bekannt geworden ist. Diese sehr stark beschädigte Schrift enthält Interpretationen biblischer Gesetze, deren starke Aufmerksamkeit für Reinheitsfragen und rituelle Handlungen ebenfalls auf einen priesterlichen Hintergrund schließen lässt. Die Frage nach der richtigen Auslegung des göttlichen Wortes war in herodianischer Zeit ein beliebtes Streitthema zwischen den verschiedenen jüdischen Gruppierungen, weshalb der Umstand, dass die Interpretationen von 4QOrdinances sonst nirgends belegt sind, auf die Existenz einer weiteren – bis dato unbekannten – Splittergruppe deutet. Davon abgesehen belegen auch die Gesetzestexte mit ihren sehr unterschiedlichen Auslegungen und Gesellschaftsentwürfen, dass es in der damaligen Zeit nicht nur möglich, sondern sogar üblich war, autoritative biblische Texte zu interpretieren und zu verändern. Von daher braucht es auch nicht zu überraschen, wenn das, was in den Schriftrollen vom Toten Meer passiert ist, auch innerhalb des Neuen Testamentes spürbar wird, wenn etwa Jesus oder Paulus die Gesetze für ihre Jünger neu interpretieren.

Psalmen und Gebete

Eine jener drei Rollen, die Eleazar Sukenik noch in den Anfangstagen der Qumran-Forschung von Kando erwerben konnte, war die Rolle der „Hodayot" (hebräisch: Loblieder). In insgesamt 28 Textkolumnen, von denen allerdings Anfang und Ende stark beschädigt waren, entzifferte Sukenik 35 Hymnen, die sich dank weiterer vier – ebenfalls fragmentarischer – Abschriften desselben Werkes aus Höhle 4 weitgehend rekonstruieren ließen. Diese Hymnen spiegeln das persönliche Schicksal einzelner Menschen wider, die – so könnte man ihre Situation auf einen Nenner bringen – aus Lehm gemacht sind, sündenanfällig und unwürdig angesichts der Güte und Größe Gottes. Obwohl manche Forscher sich bemüht haben, diese Psalmen als Werke des „Lehrers der Gerechtigkeit" zu deuten, ist eine solche Zuweisung fragwürdig, ja eine Festlegung der Autorengruppe im Allgemeinen äußerst schwierig. Die Sprache der Hodayot jedenfalls ist jener der biblischen Psalmen sehr ähnlich, Vokabular und Motive werden übernommen, jedoch eigenständig zusammengefügt. Alles in allem also handelt es sich bei der Schrift um ein Dokument der jüdischen Frömmigkeit, das die Bedeutung der religiösen Dichtung in der Zeit des Zweiten Tempels dokumentiert, keineswegs aber als Zeugnis historischer Gegebenheiten zu verstehen ist.

Aus der „Hodayot-Rolle"

„Ich danke dir, oh JHWH, gesegnet seist du, denn du hast die Waise nicht verlassen und du hast den Armen nicht verachtet. Denn deine Stärke ist unbegrenzt und dein Ruhm ohne Maß. Deine Gesandten sind wunderbare Krieger. [...] Ich danke dir, oh JHWH, denn du hast mich ins Bündel des Lebens aufgenommen und du schützt mich vor allen Fallgruben. Grausame Männer trachten nach meiner Seele, während ich festhalte an deinem Bund. In deiner Barmherzigkeit rettest du mein Leben, meine Schritte gehen mit dir. Doch deinetwegen greifen sie mich an, dass du durch das Gericht der Gottlosen geehrt wirst und dass du mich stärkst gegen die Kinder der Menschen, denn ich stehe in deiner Gnade."

Neben den Hodayot-Lobliedern erweitern die Schriftrollen vom Toten Meer auch die Anzahl der uns bekannten Psalmen, Gebete und poetischen Texte, wobei die Bandbreite vom liturgischen Werk über Kompositionen für besondere Anlässe bis hin zum täglichen Gebet reicht, Psalmen für die Gemeinschaft umfasst sowie Gebetstexte für den Einzelnen. Besonders erwähnenswert sind die acht fragmentarischen Handschriften der „Sabbatopfergesänge" aus Höhle 4. Die Gebete beinhalten im Wesentlichen das Lob für den „König der Herrlichkeit". Da jedes Gebet einem Sabbat innerhalb des liturgischen Jahres zugewiesen ist, kann man davon ausgehen, dass diese Gebete im Dienst der liturgischen Organisation einer jüdischen Gruppierung gestanden sind, die vor dem Hintergrund des Solarkalenders eine als Abbild der himmlischen Ordnung konzipierte neue liturgische Ordnung etablieren wollte.

Aus den „Sabbatopfergesängen"

„Ein Text für den Lehrmeister. Das Lied begleitet das Opfer am siebten Sabbat, gesungen am Sechzehnten des zweiten Monats. Gelobt sei der allerhöchste Gott, ihr, die ihr erhöht seid unter all den weisen göttlichen Wesen. Lasst jene, die heilig sind unter den Gottähnlichen, den herrlichen König heiligen. Er, der bei seiner Heiligkeit jeden seiner Heiligen heiligt. Ihr Fürsten des Lobpreises unter allen Gottähnlichen, lobt den Gott des herrlichen Lobpreises. Gewiss ruht der Ruhm seines Königreiches auf preiswürdiger Pracht; darin sind enthalten die Lobpreise all der Gottähnlichen, zusammen mit der Pracht seines ganzen Reiches."

Ebenfalls auf einem Sonnenkalender basiert die „Rolle der Psalmen" aus der 11. Höhle, eine Sammlung von 51 Gebeten, die – zu einem großen Teil – anhand ihrer Überschriften König David zugeschrieben werden und mit Episoden aus dessen Leben in Verbindung gebracht werden. In dieser Zuordnung besteht zugleich der größte Unterschied zum biblischen Psalter, der ansonsten mit 11Q5 weitgehend übereinstimmt. Auf eine in Prosa verfasste Erzählung über die Heldentaten des Königs David jedenfalls folgen biblische wie außerbiblische Psalmen, die jedoch in einer anderen Reihenfolge angeordnet sind als im Psalter. Unter den Psalmen von 11Q5 befinden sich auch der berühmte Psalm 151, der bisher nur in der griechischen Übersetzung der Bibel überliefert war, sowie die Psalmen 154 und 155, die lediglich in einer syrischen Übersetzung bekannt waren.

Kalendertexte

Wie wir bereits festgestellt haben, beruht ein Großteil der Texte vom Toten Meer auf einem Sonnenkalender, weshalb dieses Merkmal – mehr noch als theologische Motive oder ähnliche Interpretationen biblischer Texte – als roter Faden gelten kann, der die einzelnen Werke miteinander verbindet. Das offizielle jüdische Jahr bestand und besteht nämlich aus zwölf Lunarmonaten und hat insgesamt 354 Tage. Der Solarkalender dagegen zählt 364 Tage, was natürlich eine Verschiebung der Feiern zur Folge hat. Mondkalender und dementsprechende Festordnung aber werden in den Handschriften aus der judäischen Wüste als Irrglaube angeprangert. Und der Umstand, dass der Wahl des Kalenders eine so große Bedeutung zukommt, erklärt weiters, warum sich einige Schriften ganz explizit mit dem Kalender befassen.

Aus „4Q320 – Ein synchronisierter Kalender"
„Die Festzeiten des ersten Jahres: Am dritten Tag vom Sabbat im Turnus der Söhne Maasja ist Pascha. Am ersten Tag im Turnus des Jedaja ist das Garbenschwingen. Am fünften Tag im Turnus des Seorim ist das zweite Pascha. Am ersten Tag des Turnus des Jeschua ist das Wochenfest. Am vierten Tag im Turnus des Maasja ist der Gedächtnistag. Am sechsten Tag im Turnus des Jojarib ist der Versöhnungstag, im siebten Monat. Am vierten Tag im Turnus des Jedaja ist das Laubhüttenfest."

Die Entscheidung für den einen oder anderen Kalender war eine besonders für die Priesterschaft wichtige Frage, weshalb die „Kalendertexte" noch vor ihrer konkreten Auslegung vor allem Zeugnisse starker innerpriesterlicher Spannungen sind. Was den Inhalt betrifft, befasst sich eine ganze Reihe von Schriften mit Möglichkeiten der Synchronisierung zwischen unterschiedlichen Kalendern. Es werden Schalttage eingefügt und die so gewonnenen Daten in Verbindung mit Ereignissen aus der Weltgeschichte gebracht.

Das Hauptproblem lag darin, dass das Sonnenjahr 54 Wochen umfasst, das Mondjahr dagegen bloß 48. In diesen 48 Wochen waren alle 24 traditionellen Priesterfamilien (1 Chr 24) für einen zweimaligen Dienst am Tempel vorgesehen. Wandte man den Sonnenkalender an, standen mit einem Mal weitere sechs Wochen zur Verfügung, die – wollte man nicht zusätzliche Priesterfamilien einführen – auf die bereits bestehenden 24 verteilt werden mussten. Von den einigermaßen komplizierten Lösungen dieser Problemstellung einmal abgesehen, kann die konsequente Anwendung des Sonnenkalenders als stärkstes Argument für den gemeinsamen Hintergrund der Schriften vom Toten Meer wie auch für den gemeinsamen Widerstand gegen die amtierende Priesterschaft gelten.

Christliche Zeugnisse in Höhle 7?

Bei der Untersuchung von Höhle 7 wurden vier Tonkrüge gefunden, welche die Überreste von zwölf griechischen Schriftrollen enthielten sowie sieben Papyrusfragmente. Die Funde bestehen durchwegs aus sehr kleinen Fragmenten, die nur einige wenige erkennbare Buchstaben aufweisen. Deshalb kam der Vorstoß einiger Wissenschaftler, die gut 20 Jahre nach der ersten Veröffentlichung der Fragmente bekannt gaben, sie hätten das 5. Fragment von Höhle 7 mit einem Text aus dem 6. Kapitel des Markusevangeliums identifizieren können, auch sehr überraschend. Das besagte Fragment 7Q5 bietet auf fünf Zeilen insgesamt 20 Buchstaben, von denen 7 bis 10 als identifizierbar gelten, während die übrigen rekonstruiert werden müssen. Eine solche Rekonstruktion bleibt aber stets spekulativ und natürlich kontrovers, ganz besonders, wenn eine derart große Ergänzungsbedürftigkeit besteht.

Was den zeithistorischen Hintergrund betrifft, so ist es schier unvorstellbar, dass nach der Eroberung der Qumran-Siedlung im Jahr 68 n. Chr. noch Schriftrollen in den Höhlen deponiert worden sein könnten. Zugleich besteht in der Bibelwissenschaft heute ein breiter Konsens darüber, dass die Schriften des Neuen Testamentes allesamt erst nach der Zerstörung des Tempels 70 n. Chr. entstanden sind, zwei Umstände also, welche die Gleichsetzung von 7Q5 mit Mk 6,52–53 bereits als sehr fragwürdig erscheinen lassen. Betrachtet man den Textbestand selbst, erweist sich die These als noch weniger haltbar. Mk 6,52–53 umfasst 107 Buchstaben. Da bei der Rekonstruktion von Texten die kleinsten Tintenzeichen und Räume zwischen den einzelnen Buchstaben eine wichtige Rolle spielen, sind sich die Wissenschaftler letztlich nicht einmal bei den zehn „sicheren“ Buchstaben von 7Q5 ganz sicher, um welche Buchstaben es tatsächlich geht.

Anhand einer eigens programmierten Computer-Software der Universität Münster ist es möglich geworden, alle Varianten einer Zusammensetzung der Buchstaben durchzuspielen. Von den 1127 theoretisch durchgespielten Möglichkeiten von 7Q5 treffen jedoch weniger als 2 Prozent auf den Text von Mk 6 zu, eine geradezu lächerliche Wahrscheinlichkeit also, die klar zeigt, dass die These von den „christlichen Qumran-Schriften“ viel mehr in den Bereich der Kassenschlager als der seriösen Forschung gehört. Der genaue Inhalt von 7Q5 ist nach wie vor nicht entschlüsselt worden, auch wenn man davon ausgehen kann, dass es sich um einen genealogischen Abschnitt eines jüdisch-vorchristlichen Werkes handelt. Ganz sicher aber liegt hier kein christlicher Text vor, wie überhaupt der gesamte Schriftkorpus vom Toten Meer keine christlichen Texte enthält.

Andere besondere Texte

Der seltsamste Fund aus der judäischen Wüste ist die so genannte „Kupferrolle“, die von Archäologen vor dem Eingang von Höhle 3 entdeckt wurde und bei der es sich um eine beschriebene, gerollte, stark oxydierte und in zwei Teile zerbrochene Kupferplatte handelt. Noch interessanter als die Machart erschien den Forschern aber zunächst der Inhalt der Kupferrolle, beschreibt sie doch – teils andeutungsweise, teils detailliert – 64 Orte, an denen große Mengen von Gold, Silber, Münzen, Gefäßen, teuren Gewändern und sogar Schriftrollen versteckt sein sollen, alles in allem über 100 Tonnen Edelmetall.

Die Schriftrollenexperten der ersten Stunde waren von Anfang an skeptisch, was die Glaubwürdigkeit des Textes betrifft, und dachten vielmehr an eine literarische Fiktion. Allein John Allegro glaubte an die Historizität der Informationen und setzte sich für ein aufwändiges Projekt in Manchester ein, im Rahmen dessen die Schrift durch Zerschneiden ent-

Kupferrolle. Vor dem Eingang von Höhle 3 wurde die einzige metallische Rolle gefunden. Auf einer dünnen Kupferplatte waren die Beschreibungen von insgesamt 64 Schatzverstecken eingraviert. Trotz zahlreicher Versuche konnten die Archäologen jedoch keinen einzigen Schatz ausfindig machen.

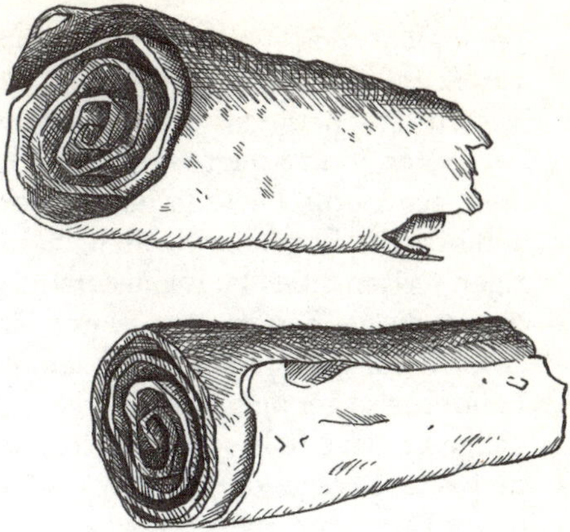

rollt wurde. Nachdem dank der von Allegro mitfinanzierten Entrollung die Ortsangaben leserlich gemacht worden waren, organisierte er eine Grabungskampagne, deren Ziel es war, die versteckten Schätze zu suchen. Da Forscher und Behörden aber eine regelrechte Invasion von Beduinen und Schatzsuchern fürchteten, verzögerte man lange Zeit die Publikation der Kupferrolle, sodass John Allegro freie Bahn hatte.

Aus der „Kupferrolle"
„In der Ruinenstätte, die sich im Tal von Achor befindet, unter den Stufen mit dem Eingang im Osten, eine Entfernung von vierzig Ellen: Eine Kiste aus Silber und Gold und ihre Gefäße, vom Gewicht siebzehn Talente. In der Grabstätte, in der dritten Steinreihe, einhundert Goldbarren. In der großen Zisterne, die sich im Hof des Säulenganges befindet, auf ihrem Boden, verdeckt mit einem Siegelring, gegenüber der oberen Öffnung: neunhundert Talente Silbermünzen. […] Im Hof, unter der südlichen Ecke, grabe vier Ellen tief: Votivgefäße aus Silber und Gold, Sprengschalen, Becher, Schalen und Kannen mit einem Wert von insgesamt sechshundert und neun."

Wenngleich das Verzeichnis der Schätze – aufgrund des kostbaren, mühevoll beschriebenen Materials und der genauen Verortung – heute als echt betrachtet wird, blieben alle Versuche von John Allegro erfolglos. Denn natürlich war es äußerst schwierig, die Ortschaften, deren Namen zum größten Teil nicht mehr bekannt waren, zu identifizieren bzw. die übrigen Ortsangaben zu lokalisieren: Höhlen, Wasserleitungen, unterirdische Kammer etc. waren längst nicht mehr dort, wo sie sich vor 2000 Jahren befanden. Und als ob dies nicht der Hindernisse genug gewesen wäre, war ein guter Teil der Angaben codiert, teils sogar durch griechische Buchstaben. Eine weitere Frage, die Allegro – wäre er erfolgreich gewesen – wohl weniger interessiert hätte, war: Wem hat der Schatz gehört? Obwohl es auch hier keine endgültigen Antworten gibt, geht das Gros der Forscher gegenwärtig davon aus, dass die Kupferrolle den Tempelschatz beschreibt, der kurz vor der Eroberung Jerusalems durch die Römer z. T. noch versteckt werden konnte. Die Kupferrolle bleibt jedenfalls eines der geheimnisvollsten Dokumente vom Toten Meer. Schatzsucher, die in die Fußstapfen von John Allegro treten, gibt es heute aber kaum mehr. Denn sollte es den Schatz der Kupferrolle tatsächlich gegeben haben, ist er im Laufe der vergangenen Jahrhunderte wohl bereits gefunden worden.

„4QTerapeia" war der provisorische Name, den John Allegro einem kleinen, fast dreieckigen Textfragment gab. Da sich dessen Stil als eine nicht näher identifizierbare Mischung aus transliteriertem Griechisch, Aramäisch sowie einigen grammatikalisch unregelmäßigen hebräischen Vokabeln präsentierte, vertrat Allegro die Ansicht, bei 4QTerapeia handle es sich um eine magische medizinische Formel, deren Sprache nur für Eingeweihte verständlich sei. In einer Zeit, da Skandalbücher rund um die vermeintlich geheimen Botschaften der Schriftrollen boomten, war eine solche Meinung gut zu argumentieren. Vor wenigen Jahren jedoch wurde die gleiche Schrift von einem jüdischen Gelehrten namens Joseph Naveh untersucht, der ausführlich und gut begründet aufzeigt, dass der rätselhafte Text nichts anderes ist als die Vorübung eines Schreibers, der vor der eigentlichen Arbeit an einer Rolle einige Schriftproben unternommen hat.

Last but not least sorgte ein etwa 18 x 8 cm breites Fragment unter den Forschern für Aufregung, das als „Lobpreis für König Jonathan" (4Q448) bekannt geworden ist. Die erst 1992 veröffentlichte sehr fragmentarische Schrift rühmt die Handlungen eines Königs Jonathan, der allgemein mit dem Hasmonäer-König Alexander Jannäeus identifiziert wurde. Diese Identifikation nun stellt aber einen klaren Widerspruch zu der vom Gros der Qumran-Forscher vertretenen Ansicht dar, die Autoren der „Dead Sea Scrolls" wären den Hasmonäern und der von ihnen praktizierten Union zwischen Königtum und Priestertum ablehnend, ja feindlich gegenübergestanden. Angesichts der starken Beschädigung des Textes relativiert sich jedoch diese Antithese, denn de facto lassen die Bruchstücke der Schrift viel Raum für Spekulation und wenig Boden für eine fundierte wissenschaftliche Meinung.

Das „Alte Testament" vom Toten Meer

Vor dem Jahr 1947 und der Entdeckung der ersten Schriftrollen war das am längsten zurückliegende Textzeugnis zum Alten Testament der Papyrus „Nash" aus dem 2. Jh. v. Chr., auf dem die Zehn Gebote überliefert sind sowie die Schlüsselstelle aus Deuteronomium 6, nämlich das „Schema Israel" (hebräisch: Höre Israel). Die ältesten vollständigen Handschriften des Alten Testamentes dagegen stammen aus dem Mittelalter. Der hebräische Text, von dem sämtliche moderne Übersetzungen abgeleitet sind, heißt „Codex Leningradensis" und wurde 1008 verfasst. Selbstverständlich reicht die Tradition, auf der diese Schrift beruht, deutlich weiter zurück. Da jedoch keine älteren Handschriften verfügbar waren, wurde die Frage nach der Zuverlässigkeit und Genauigkeit des biblischen Textes immer wieder gestellt, und zwar, ohne dass sie befriedigend beantwortet hätte werden können.

Die Funde aus der judäischen Wüste nun beinhalten knapp 200 Handschriften von alttestamentlichen Texten, die alle aus dem 3. bis 1. Jh. v. Chr. stammen. Die erste Untersuchung dieser Dokumente ergab das erfreuliche Fazit, dass der Text der hebräischen Bibel mit unglaublicher Sorgfalt überliefert worden ist. Die zweite wesentliche Erkenntnis war, dass in der Zeit, als die Schriftrollen kopiert wurden, mehrere Versionen des gleichen biblischen Buches nebeneinander bestanden. Dies liegt daran, dass zur Entstehungszeit der Schriftrollen der Kanon des Alten Testaments noch nicht endgültig fixiert war. Weder die genaue Reihenfolge der Bücher war damals festgelegt noch, welche Bücher für den gläubigen Juden verbindlich sein sollten. Neben den Abschriften der Bücher aus dem Alten Testament – einschließlich der hebräischen Vorlage von Tobit und Jesus Sirach, die bis dato lediglich in einer griechischen Übersetzung bekannt waren, und mit der einzigen (wahrscheinlich zufälligen) Ausnahme von Ester und Nehemia – weisen die Schriftfunde vom Toten Meer daher auch „nichtbiblische" Bücher auf wie das Jubiläenbuch oder das Henoch-Buch, die in den letzten Jahrhunderten vor Christi Geburt einen hohen Stellenwert genossen haben dürften.

Mit 39 Exemplaren war der Psalter die am häufigsten vertretene biblische Schrift, gefolgt von den Rollen des Deuteronomiums (32x) und des Jesajabuches (22x), wobei die unterschiedlichen Exemplare der biblischen Texte (mit Ausnahmen der zwei kleinen Höhlen 9 und 10) auf alle Höhlen verteilt waren. Die Gewichtung der Schriften ist insofern interessant, als die Zitierweise des Neuen Testaments einen ganz ähnlichen prozentuellen Anteil der alttestamentlichen Bücher aufweist, ein Zeichen dafür, dass die kulturellen Hintergründe zwischen Neuem Testament und Dead Sea Scrolls sehr ähnlich waren.

Die schönste und längste uns erhaltene Rolle ist die „Große Jesajarolle". Der Text ist vollständig erhalten und die Unterschiede zum Codex Leningradensis von 1008 sind marginal. Auch im Fall der allermeisten anderen Bücher weichen die Varianten vom Toten Meer nur sehr geringfügig ab. Bei den Büchern Samuel und Jeremia ist vermutlich jene hebräische Version erhalten geblieben, die als Vorlage für die griechische Übersetzung der Bibel, die Septuaginta, gedient hat, weshalb nun auch die lange Zeit ungeklärte Frage gelöst sein dürfte, warum der griechische Wortlaut von Samuel bzw. Jeremia (Septuaginta) und der vor 1947 bekannte hebräische Text (Codex Leningradensis) stark voneinander abweichen. Manche Handschriften bezeugen eine frühere Fassung des biblischen Textes, manche eine Fortschreibung, die später nicht mehr akzeptiert wurde.

Alles in allem lassen sich aus dem Befund die beiden bereits angedeuteten Schlussfolgerungen ziehen: 1. Zur Entstehungszeit der Schriftrollen lag weder eine autoritative und unveränderliche Fassung der biblischen Bücher noch ein definitiver Kanon vor. Im Lauf der Geschichte haben führende jüdische Gelehrte die Entscheidung getroffen, eine Version zu standardisieren und zu tradieren. 2. Der Text unserer Bibel muss nicht neu geschrieben werden. Die Tradition hat ihn sehr gewissenhaft und detailgenau überliefert. Jene Varianten, die am Toten Meer entdeckt wurden, sind für Sprachwissenschaftler und für Exegeten, die sich mit der Genese des Alten Testaments befassen, spannend und aufschlussreich, für die Allgemeinheit jedoch eher uninteressant.

Bilden die Schriftrollen eine geordnete Sammlung?

Wenngleich es uns auf den hier verfügbaren Seiten nicht möglich war, sämtliche Schriftrollen zu besprechen, wird aus der präsentierten Auswahl vor allem eines ersichtlich: Inhalt und Stil der Texte sind derart inhomogen, dass es unmöglich ist, sie alle einem einzigen Autorenkreis zuzuordnen. Sofern die Sammlung eine Bibliothek gebildet haben sollte, wäre dies aber auch nicht erforderlich. Denn Bibliotheken – in der Gegenwart wie in der Antike – müssen, weder was ihre Autoren noch was ihren Inhalt betrifft, einheitlich sein. Die meisten Archäologen wenden gegen die Bibliotheksthese heute jedoch zu Recht ein, dass die Sammlung der Schriftrollen weniger als absichtlicher Prozess denn als Folge einer Geschichte der Verbergung zu deuten ist. Aufgrund der kurz bevorstehenden Belagerung Jerusalems bzw. als Folge des Einmarsches der römischen Truppen in Judäa dürften die Dokumente aus verschiedenen Bibliotheken – und wahrscheinlich auch aus der Tempelbibliothek von Jerusalem – nach Qumran transportiert worden sein, wo sie ohne eine – heute – ersichtliche Ordnung in den Höhlen gelagert wurden.

Da in jenen Höhlen, in denen mehrere verschiedene Texte gefunden wurden, neben biblischen Werken auch Standardwerke des damaligen Judentums sowie eher unorthodoxe Beiträge zu finden waren, ist nicht nachvollziehbar, nach welchen inhaltlichen Kriterien eine Systematisierung hätte erfolgt sein sollen. Viel eher dürften bei der Lagerung verschiedene zufällige Faktoren im Spiel gewesen sein, wie der Zeitpunkt der Ankunft, die Anzahl der gerade verfügbaren Helfer, das Vorhandensein von reinen Gefäßen oder die unterschiedliche Dringlichkeit, mit der die Schriften versteckt werden mussten.

Während der beinahe 2000 Jahre der Lagerung sind dann natürlich weitere äußere Umstände zu berücksichtigen. Einmal nämlich waren die Höhlen um Qumran – im Unterschied zu den Höhlen bei Wadi Mura'bat – kein besonders gutes Versteck. Sie waren leicht zu erreichen, nicht verriegelt und vermutlich auch nicht bewacht. Daher braucht es nicht zu überraschen, wenn die Höhlen 3, 8 und 11 bereits einige Jahrhunderte vor ihrer offiziellen Entdeckung durchsucht und z. T. geplündert worden sind. Tierfraß und natürliche Dekomposition des organischen Materials durch Feuchtigkeit und Hitze, der Umstand, dass die Beduinen nach 1947 manche Fragmente zerrissen und sie allesamt jedenfalls durcheinandergebracht haben, und schließlich die nicht immer sachgemäßen Aktivitäten der Archäologen haben dazu beigetragen, dass die jetzige Auswahl an verfügbaren Schriftrollen keineswegs der ursprünglichen Zusammensetzung entspricht. Und selbst von jenen Schriften, die all dies „überlebt" haben, ist der Wissenschaft nur ein Teil zugänglich.

Da das gesamte Geschehen sich als äußerst undurchsichtig präsentiert, ist es für eine seriöse Archäologie gegenwärtig unmöglich, von einer geordneten Sammlung oder gar einer Bibliothek mit eigenem Charakter und Profil zu sprechen. Wir wissen nicht, was, wann und warum etwas verloren gegangen ist. Noch problematischer wird die Auswertung des Befundes, wenn aus den mehr oder weniger zufälligen Überresten der ursprünglichen Schriften versucht wird, auf Identität und Merkmale einer Gruppierung zu schließen, die diese angeblich gesammelt haben sollen. Die Inhalte der meist sehr rekonstruktionsbedürftigen Dokumente liefern kein einheitliches Bild, das es ermöglichen würde, eine bestimmte Autorengruppe zu identifizieren. Wohl aber geben sie Auskunft über die Gesamtheit der religiösen Bewegungen innerhalb des Judentums in der Zeit des Zweiten Tempels, ganz besonders in hasmonäischer und herodianischer Zeit.

5. Siedlung, Höhlen und Manuskripte: Was gehört zusammen?

„Aber du weißt, dass wir uns von der Mehrheit des Volkes abgetrennt haben …“
4QMMT

Die Annahme, Qumran sei das Zentrum der Schriftrollenherstellung gewesen, ist seit Beginn der Ausgrabungen in den 1950er Jahren immer wieder von Archäologen in Frage gestellt worden. Seitens der Befürworter wurde mit der Zusammengehörigkeit von Höhlen, Siedlung und Manuskripten argumentiert, kurz mit der Standardhypothese von Roland de Vaux. Dabei bewegte sich die Diskussion jedoch auf dünnem Boden, denn zum einen liegt nach wie vor kein Abschlussbericht der Ausgrabungen von Kirbeth Qumran vor, zum anderen wurden die Höhlen von den Beduinen geplündert, weshalb wichtige archäologische Daten für immer verloren gegangen sind. Unabhängig davon hat in den vergangenen 20 Jahren sowohl die klassische als auch die biblische Archäologie eine starke Entwicklung durchgemacht, neue Ausgrabungs- und Klassifizierungsmethoden werden angewandt, sodass die nochmalige Untersuchung bereits bekannter Manufakte und sonstiger Funde häufig zu neuen Ergebnissen führt und den wissenschaftlichen Diskurs in Gang setzt.

Gerade im Fall von Qumran wurden Ausgrabungsmethode und Forschungsergebnisse von Roland de Vaux genau unter die Lupe genommen. Die unzähligen Manufakte, die nach wie vor im Keller der École biblique liegen, wurden von Robert Donceel, Pauline Donceel-Voûte und Susan Sheridan einer zweiten exakten Analyse zugeführt, zwischen 1993 und

2004 führten Yitzhak Magen und Yuval Peleg mehrere Grabungskampagnen in Kirbeth Qumran durch. Nicht zuletzt aufgrund dieser Forschungstätigkeit hat sich das allgemeine Bild von der Region um das Tote Meer seit Pater Roland de Vaux radikal verändert. Die ursprünglich als unwirtlich und lebensfeindlich angesehene Wüste in einem abgelegenen Winkel Palästinas, in die es höchstens Asketen und Einsiedler ziehen konnte, wird heute als gut besiedelte Region gesehen, die sowohl wirtschaftlich als auch strategisch von Interesse war.

Schwierigkeiten der Essener-Hypothese

Nach der traditionellen Theorie von Roland de Vaux ist Kirbeth Qumran um 150 v. Chr. von Essenern gegründet und bis zu seiner Zerstörung im Jahre 68 n. Chr. auch von ihnen bewohnt worden. Im Jahre 31 v. Chr. sei die Siedlung aufgrund eines Erdbebens einige Jahre verlassen, dann jedoch wieder aufgebaut worden. Die in der Nähe von Qumran gefundenen „essenischen" Texte und die ähnlichen Keramikprodukte von Siedlung und Höhlen waren für den Dominikanerpater der Beweis gewesen, dass Essener, Siedlung und Schriftrollen in engem Zusammenhang stehen. Nachdem Roland de Vaux seine These einmal bestätigt gefunden hatte, verlor er rasch das Interesse, die Grabungsfunde auszuwerten. Die wissenschaftliche Gemeinschaft unterdessen war gezwungen, ihre Diskussionen anhand der Vorberichte und den zum Teil sehr allgemeinen Beschreibungen des Materials von Roland de Vaux zu führen. Daher kommt es, dass es verhältnismäßig lange gedauert hat, bis die Verbindung von Höhlen, Manuskripten und Siedlung als vorschnell ausgewiesen werden konnte. Gegenwärtig aber sind immer mehr Forscher der Ansicht, dass man bei dem breiten Spektrum der in den Schriftrollen vorhandenen Themen unmöglich von einer einzigen kleinen Autorengruppe ausgehen kann, ja, sie bezweifeln weiters die Annahme, der Ursprung der Dokumente sei tatsächlich das nahe gelegene Dorf gewesen.

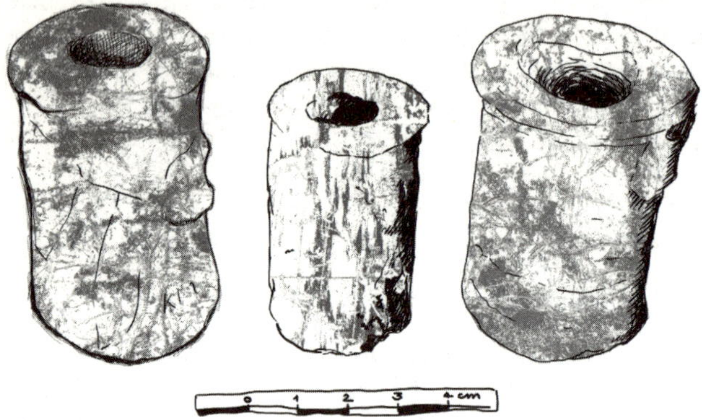

Tintenfässer. Die Schriftrollen wurden mit Rohfedern und mit Tinte, die aus Kohle und natürlichen Farbstoffen gewonnen wurde, beschrieben. Die Tinte wurde in Tintenfässchen aufbewahrt. Drei davon wurden innerhalb der Siedlung von Qumran gefunden. Dies beweist allerdings lediglich, dass in Qumran geschrieben wurde, nicht jedoch, dass die Schriftrollen vom Toten Meer aus der Siedlung stammen.

Ein erster Einwand gegen die Standardhypothese ist die Fragwürdigkeit der Relation zwischen Schriftrollen und Essenern. Die Charakterisierung der Essener in den Texten von Philo, Plinius dem Älteren und Josephus lassen auf einen asketischen Lebensstil ohne Kontakte mit der Außenwelt schließen, eine utopisch-apokalyptische Grundeinstellung sowie Ehelosigkeit, Gütergemeinschaft und Abgeschiedenheit. Diese Eckdaten stimmen mit dem tatsächlichen archäologischen Befund von Kirbeth Qumran aber ganz und gar nicht überein. Auf der einen Seite nämlich wurden deutliche Spuren einer wirtschaftlichen Tätigkeit gefunden sowie Waren, die für den Handel erzeugt wurden. Auf der anderen Seite fehlen Hinweise für eine religiös-asketisch orientierte Gemeinschaft. Neben diesen Argumenten sprechen noch die folgenden Beobachtungen gegen die Standardhypothese:

- Keiner der Texte kann unmittelbar mit der Anlage von Qumran in Verbindung gebracht werden.
- Der Name der Siedlung bzw. Details zu ihrer Geschichte sind in den Schriften nicht vorhanden.
- Das Wort „Essener" kommt nicht vor.
- Obwohl in Qumran reichlich organisches Material erhalten geblieben ist, wurde kein einziges Pergament- oder Papyrusfragment gefunden.
- Es fehlt ein Wegenetz zwischen Höhlen und Siedlung, das notwendig gewesen wäre, hätten die Höhle als ständiger Ort der Aufbewahrung von Schriftrollen gedient.
- Die Schriftbildanalyse der Manuskripte hat ergeben, dass nur sehr selten ein und derselbe Schreiber mehrere Dokumente kopiert hat. Sofern Qumran eine Kopistenwerkstatt gewesen sein sollte, müsste das Umgekehrte der Fall sein. Dann nämlich hätten geübte Schreiber im Laufe ihres Lebens vielleicht viele, vielleicht manche Schriftrollen verfasst, mit Sicherheit aber nicht bloß eine einzige.
- Die Anlage von Qumran ist nachweislich von den Hasmonäern und nicht von den Essenern errichtet worden. Für eine Besiedelung vor 130 v. Chr. – wie sie Roland de Vaux annimmt – gibt es keine archäologischen Beweise.

Das Ostrakon aus Kirbeth Qumran

Der erste geschriebene Text aus der Siedlung wurde erst 1996 entdeckt. Es handelte sich dabei um keine Pergamenthandschrift, sondern um ein Ostrakon, also um eine Inschrift auf einer Tonscherbe. Frank Cross und Esther Eshel wurden mit der Herausgabe des Ostrakons beauftragt. Ih-

re in DJD 36 veröffentlichte Rekonstruktion lautet: „Im Jahr zwei […] in Jericho Honi Sohn des Nahamani […] dem Hisday aus Holon […] von diesem Tag bis in Ewigkeit […] die Grenzen des Hauses und […] und die Feigen, die Oliven und […] wenn er seinen Eid auf die Jahad […] und Honi […] und die […] und in die Hand von […] zu hüten […] Hisday Diener von Honi aus […] Holon." Sie sahen darin einen Vertrag zur Übertragung des Eigentums von Honi an die Jahad.
Ada Yardeni, eine israelische Paläografin, veröffentlichte dann 1997 eine andere Rekonstruktion bzw. Übersetzung: „Im zweiten Jahr von […] in Jericho Hony Sohn des […] Gab El'asar Sohn von N[…] die Sackleinen […][…] und die Mauern des Hauses von […] und die Feigen und die Palmen […] und jeder andere Baum […][…] ihm die […] und […] und in der Hand […] der […] der […]."
In dieser zweiten Version ist jede Verbindung zur Jahad verschwunden. Die Rekonstruktion von Cross und Eshel nämlich hatte auf einigen sehr schwer lesbaren Buchstaben basiert. Beide Autoren haben gelesen, was sie gerne gesehen hätten. Nämlich eine archäologisch nachweisbare, schriftlich bezeugte Verbindung zwischen Jahad (Rollen) und Siedlung. Dies ist aber leider nicht der Fall ist.

Neben all diesen starken Argumenten behält der prinzipielle Einwand, Roland de Vaux habe seine Ausgrabungen auf unwissenschaftliche Art und Weise durchgeführt und seine Ergebnisse seien daher von vornherein fragwürdig bzw. anfechtbar, natürlich bestehen.

De Vaux und seine Ausgrabungsmethode

Roland de Vaux hat für seine Interpretation keineswegs die gesamte Breite des ihm zur Verfügung stehenden Materials herangezogen. Natürlich war die Klassifizierung – z. B. von Keramiktypen – damals noch nicht so ausgereift wie heute. Jedoch hat der Archäologe vieles, was ihm nicht nützen konnte, einfach ignoriert. Dieses Material, das achtlos in Kartons im Keller der École biblique verstaut worden ist, soll nun von Jean-Baptiste Humbert, dem derzeitigen Leiter der Schule, veröffentlicht werden. Die Publikationslage ist aber nach wie vor sehr unbefriedigend, sodass die Basis für exakte Rückschlüsse weitgehend fehlt. Was bis jetzt vorliegt, ist meist Rohmaterial in Form von überarbeiteten Fassungen der Grabungstagebücher von Roland de Vaux, rund 450 Fotos von der Grabungskampagne sowie manche Vorberichte, die als Publikation einer Vorlesungsreihe erschienen sind (1961 und 1973). Von einem soliden Endbericht, der die stratigrafische Auswertung der Schichtenfolge, die vollständige Auflistung der Funde sowie die Auswertung der Fundgattungen (insbesondere Keramik, Glas, organisches Material und Schriftdokumente) enthält, sind wir im Moment noch meilenweit entfernt.

Vor allem die stratigrafische Beschreibung der Ausgrabungen ist sehr mangelhaft, wäre aber für eine zuverlässige Rekonstruktion der Besiedelungsschichten notwendig gewesen. Die genaue Kennzeichnung der Lage eines jeden Artefaktes – insbesondere von Münzen, Glas und Keramik – ist von enormer Bedeutung, will man die angrenzenden Strukturen mit guter Wahrscheinlichkeit datieren. Aufgrund der Analyse des Schuttmaterials wiederum, das die einzelnen Räume auffüllt, lassen sich Rückschlüsse über deren Funktion und Geschichte – bzw. indirekt auch über ihre Bewohner – ziehen. Leider folgte die Arbeitsmethode von Pater Roland de Vaux nicht den heutigen Standards bzw. lag sogar hinter den damaligen Methoden zurück. Innerhalb der Räume (den Zisternen, Wasserreservoiren und Reinigungsbädern) unterschied der Dominikaner nicht zwischen den Besiedelungsschichten, was gerade hinsichtlich seiner Annahme der Reinigungsbäder wichtig gewesen wäre. Aufgrund seiner Nachlässigkeit beim Ausgraben kann heute nicht mehr festgestellt werden, ob die Wasserbecken leer standen, zum Teil gefüllt waren oder alle gleichzeitig in Betrieb. Und auch in Bezug auf die Wohn- und Arbeitsräume ist es heute nicht mehr möglich zu rekonstruieren, ob diese eine Nutzungsveränderung erfahren haben.

Jozef Miliks Erinnerungen an die Ausgrabungen von Qumran

„Als wir mit unserer Arbeit in der Anlage Khirbet Qumran begannen, sahen wir kaum etwas von den Mauern, die unter verschiedenen Trümmern verborgen waren. Wir legten die Bauten mit Schaufeln frei, und das ausgegrabene Material wurde in Wagen auf Schienen weggeschafft. Ich hatte zu einer Schaufel gegriffen und stand an einem Hang neben einem italienischen Studenten, der darauf los schaufelte, ohne viel darauf zu achten, wo er sich befand; er warf die Dinge einfach nach hinten. Plötzlich erblickte ich auf seiner Schaufel ein ziemlich großes Keramikfragment, das er zusammen mit allem Übrigen wegwarf. Ich hob das Fragment auf. Es enthielt eine Inschrift!"

Roland de Vaux ließ Kirbeth Qumran ausgraben, ohne die Grabungsfläche abzugrenzen. Das ausgehobene Schuttmaterial wurde oft achtlos entsorgt, manchmal sogar über später auszugrabende Felder geschüttet. Er nahm keine Höhenmessungen vor, noch hielt er fest, wo, welche und wie viele Keramikreste gefunden wurden, was für die Datierung der Räume wesentlich gewesen wäre. Darüber hinaus wurden die Mauern, die man freigelegt hatte, nicht in ihrem Verhältnis zueinander bewertet, lauter Umstände, die heute eine Rekonstruktion der Baugeschichte unmöglich machen. Auch die Ausgrabungen, die Roland de Vaux in den Höhlen durchführte, sind in vielfacher Weise mangelhaft. Informationen zur Lage der beweglichen Objekte sind für immer verloren, ein Rückschluss auf die Nutzung der Höhlen nicht mehr zu bewerkstelligen.

Dessen ungeachtet sollen die Verdienste von Roland de Vaux hier nicht in Frage gestellt werden, war er doch ein engagierter Forscher und Pionier, der sich trotz hohem Risiko in ein politisch unsicheres Gebiet wagte, sich mit logistischen Schwierigkeiten herumschlagen musste und ständig in einem drängenden Zeitkampf mit den nach Schätzen suchenden Beduinen stand. Die Versäumnisse seiner Arbeit sind aber leider nicht mehr gutzumachen, Daten, die man erschließen hätte können, sind irreversibel ausgelöscht.

Die historischen Perioden der Besiedlung von Qumran

Nichtsdestotrotz haben moderne Grabungen ein Fundspektrum präsentiert, das deutlich breiter ist, als man von Roland de Vaux erfahren konnte. Es enthält Importkeramik ebenso wie eigene Keramikprodukte, Glas, Reste von Metallverarbeitung etc. Die sachgemäße Einordnung der neuen und alten Funde, ihre Datierung und funktionale Erfassung sowie der Vergleich mit anderen, später ausgegrabenen Ortschaften am Toten Meer erlauben es, unterschiedliche Besiedelungsperioden zu bestimmen. Vor allem die Vielfalt der Objekte lässt auf eine hohe Komplexität der Lebensvollzüge schließen. Von daher zeigt sich auch, dass Qumran gut in den Zusammenhang der Region am Toten Meer eingebettet war und keinesfalls als sonderbares Einzelphänomen zu bewerten ist. Einzigartig war Qumran dennoch, allerdings in einem ganz anderen Sinn, als Roland de Vaux und viele Forscher nach ihm annahmen.

Jedoch zurück zu den Details: Verstreut auf die gesamte Anlage fand man in Qumran mehr als 1200 Münzen, eine imposante Zahl, bedenkt man, dass in En Gedi, das größer und länger besiedelt war, lediglich 603 Münzen sichergestellt werden konnten. Die Münzen selbst sprechen weiters für eine Bautätigkeit mit Schwerpunkt auf der Regierungszeit des Johannes Hyrkan I. (134–104 v. Chr.) bzw. dafür, dass Qumran bis zum zweiten jüdischen Aufstand (132–135 n. Chr.) ununterbrochen besiedelt war. Die Rekonstruktion der historischen Besiedlungsperioden, die gegenwärtig vertreten wird, basiert im Wesentlichen auf den in den 1990er Jahren publizierten Arbeiten von Jean-Baptiste Humbert, der die Thesen von de Vaux deutlich revidiert hat.

Neben einer frühen Besiedlung in der Eisenzeit (630–580 v. Chr.) geht Humbert von drei sukzessiven Siedlungsperioden aus, nämlich 1. die Zeit der Hasmonäer (130–37 v. Chr.), in die der quadratische Bau mit Turm zu datieren ist, 2. die Zeit von Herodes, Archelaus und den römischen Statthaltern (37 v. Chr. – 68 n. Chr.), wo Qumran eine starke Expansion und Veränderung erfahren hat, und 3. die Zeit von 68 bis 132 n. Chr., als eine römische Garnison Qumran als Hauptquartier nutzte. Der eisenzeitliche Bau von Kirbeth Qumran steht im Zusammenhang mit einer allgemeinen Zunahme von Siedlungen im Gebiet des Toten Meeres, die einerseits die Grenzen Judäas gegen die Expansion der Edomiter aus dem Osten schützen sollten, andererseits den wirtschaftlichen Aufschwung größerer Städte wie En Gedi und Jericho nutzen wollten. Qumran hat eine strategisch günstige Lage zwischen Jericho und En Gedi und es ist daher nicht zu spekulativ, der Siedlung eine sowohl wirtschaftlich als auch militärisch bedeutsame Funktion zuzusprechen. Weiters ist anzunehmen, dass Qumran bereits in dieser Zeit als Militärposten und – vermutlich – als Zoll- und Mautstelle auf der Toten-Meer-Hauptroute zwischen Jericho, Jerusalem und En Gedi fungiert hat.

Knapp fünf Jahrhunderte nach seiner eisenzeitlichen Nutzung wurde Qumran gegen 130 v. Chr. neu erbaut und besiedelt. Es war sehr wahrscheinlich Johannes Hyrkan, der neben seinem Winterpalast bei Jericho und der Festung Hyrkania zwischen Jerusalem und Qumran auch die Siedlung am Toten Meer neu errichten ließ. Qumran dürfte damals eine kleine, jedoch selbständige Befestigungsanlage gewesen sein. Der quadratische Hauptbau mit dem befestigten Eckturm aus dieser Zeit ist der heute am besten erhaltene Teil der Anlage. Die Steinmauern des Turmes sind noch etwa vier Meter hoch und die Mauern der Räume südlich und östlich von ihm beinahe zwei Meter. Wie auch die oberen Teile der Mauern wurde die Innenausstattung aus an der Sonne getrockneten Lehmziegeln gefertigt, die wahrscheinlich flachen Dächer hingegen aus Dattelpalmen- oder Akazienholz. Die Anzahl der Bewohner des etwa 1400 qm großen Komplexes wird mit rund 20 angesetzt (Richtwert: 15–25 Menschen pro 1000 qm), vermutlich eine kleine Gruppe von Soldaten mit ihren Helfern, Räumlichkeiten für Durchreisende waren vorhanden.

Da Qumran an einem strategischen Verkehrsknotenpunkt des Königreiches Judäa in der Nähe seiner Ostgrenze liegt, ist die Deutung der Anlage als eine Verknüpfung aus Militärposten und Wegstation plausibel. Als solche bot die Niederlassung Kontrolle über die angrenzende Straße und war bei Angriffen gut zu verteidigen. Die Kriege gegen die Nabatäer, die Johannes Hyrkan und sein Sohn Alexander Jannäus führten, machten eine befestigte, kompakte Form der Anlage notwendig, sodass sich diese erst später weiterentwickeln und entfalten konnte, als das Reich unter Herodes dem Großen Stabilität gewann.

Der Friedhof und die Region um Qumran

Von den Ruinen der Wohn- und Wirtschaftsgebäude einmal abgesehen ist der große, sich über ein Areal von mindestens 20000 qm erstreckende Friedhof besonders auffällig. Die Gräber sind durch Steinhäufen gekennzeichnet. Da die Siedlung nach 135 n. Chr. völlig aufgegeben worden war und auch in der umliegenden Gegend keine Landwirtschaft betrieben wurde, ist der Friedhof erstaunlich gut erhalten. Die angesammelten Steine wurden nie weiterverwendet und die Gräber nicht geschändet, eine Suche nach möglichen Schätzen hat offensichtlich nicht stattgefunden. Daher ist es durchaus möglich, die Geschichte des Friedhofs zu rekonstruieren: Die ersten Gräber stammen aus der hasmonäischen Zeit und wurden nah an der Siedlung angelegt, von dort entwickelte sich der Friedhof ostwärts. Die Bestattungsform war sehr einfach und folgte dem Modell der Schachtgräber, die in Israel zur Zeit des Zweiten Tempels üblich waren. Im Unterschied zum aufwändigeren Höhlengrab (Bestattung Jesu nach Mt 15,46) war es bei dieser Form der Beerdigung üblich, am Ende eines etwa zwei Meter tiefen, rechteckigen Schachtes leicht nach links oder rechts versetzt ein schmales Loch zu graben, worin der Leichnam gebettet wurde. Anschließend wurde das Loch mit Lehmziegeln verriegelt.

Der Umstand, dass man in manchen Gräbern Reste von Holz gefunden hat, deutet auf Särge hin, auch wenn man Leichen damals üblicherweise bloß in Leinentücher gewickelt hat. Sofern tatsächlich Särge verwendet worden sein sollten, könnten diese möglicherweise dazu gedient haben, Verstorbene zum Friedhof von Qumran zu bringen, die nicht in der Siedlung gelebt haben. Weder die Nord-Süd-Orientierung der meisten Gräber, die u. U. schlicht an die Ausrichtung des Toten Meeres angepasst wurden, noch die Art der Bestattung sind jedenfalls einmalig. Vielmehr wurden östlich vom Toten Meer sehr ähnliche nabatäische Friedhöfe entdeckt und auch 15 Kilometer südlich von Qumran wurde in der Nähe von En Ghuweir eine Begräbnisstätte gefunden, welche die gleiche Bestattungsart aufweist.

Neben dem zentralen Hauptfriedhof sind heute drei Erweiterungen zu beobachten, die vor mehr als 2000 Jahren Teil einer einzigen Anlage gewesen sein dürften, durch die Erosion der Mergelterrasse jedoch wie Zubauten wirken. Von den über 800 Gräbern sind erst 60 freigelegt worden, 43 durch Roland de Vaux. Vor kurzem ist das bereits bekannte Material erneut analysiert worden, mit dem Ergebnis, dass es sich bei den Toten um Männer, Frauen und Kinder handelt. Das Verhältnis zwischen den Geschlechtern bzw. Altersgruppen ist keineswegs – wie ursprünglich behauptet – ungewöhnlich, sondern deckt sich mit den Ergebnissen der Erforschung anderer Friedhöfe aus dieser Zeit (z. B. Beit Safala in der Nähe von Jerusalem). Allerdings spricht die große Anzahl von Gräbern dafür, dass nicht nur Qumran-Bewohner, sondern auch andere Menschen hier begraben worden sind, ja der Friedhof von Qumran als zentrale Grabstätte der Region gedient hat. Diese Beobachtungen stehen im Einklang mit weiteren Forschungsergebnissen, die zeigen, dass Qumran nur im Kontext der gesamten Region um das Tote Meer verständlich wird.

Das Gebiet war nämlich in das Königreich der Nabatäer im Osten und das Königreich von Judäa im Westen aufgeteilt. Regionale Hauptstadt war Jericho, es gab jedoch zahlreiche Siedlungen und kleinere Städte, und zwar sowohl im nabatäischen (al Mazra'a, Kirbeth Sekine) als auch im judäischen Gebiet (En Gedi, En Feshkha, En Boqeq). Die Gegend war also keineswegs „wüst und leer", wie Roland de Vaux angenommen hatte. Vielmehr bestanden (vor allem an den Hauptverkehrsverbindungen) zahlreiche kleine Festungen, die Menschen waren durchwegs in der Landwirtschaft bzw. in der Produktion von Handelsgütern tätig. Von der hasmonäischen Zeit an bis zu Herodes erlebte die Region einen starken Aufschwung; für die Nachwelt sammelten sich enorme Massen an Material an, das später archäologisch interessant werden sollte. Ein effizientes und geschütztes Straßennetz wurde errichtet, ebenso drei Häfen.

Die Verbindung von einem Turm und einem Innenhof, die wie in der Anlage von Qumran von verschiedenen Räumlichkeiten umgeben waren, kann in dieser Zeit als typisches Baumuster für Landgüter und ländliche Bauernhöfe gelten. Das einstmals kleine Fort Qumran jedenfalls entwickelte sich unter Herodes zu einer mittelgroßen Anlage, in der – ähnlich wie in anderen vergleichbaren Befestigungen am Toten Meer – so etwas wie industrielle Produktion betrieben wurde. Die Umfriedung des Landgutes verbindet Qumran mit einer nahe gelegenen Anlage in der Oase von En Feshkha, aus der vermutlich in der Trockenzeit Wasser und Nahrung bezogen wurden.

Die 3. Besiedlungsperiode (37 v. Chr. bis 68 n. Chr.)

Funktion und Gebäude

Die wichtigste und rückblickend interessanteste Periode der Siedlungsgeschichte von Qumran erstreckt sich von der Regierung des Herodes (37–4 v. Chr.) bis zur vollständigen Zerstörung der Siedlung durch die römischen Soldaten der 10. Legion während des ersten jüdischen Aufstandes (68 n. Chr.). Der plötzliche Einfall der Römer und die intensive Ausgrabungstätigkeit von Roland de Vaux haben dazu beigetragen, dass diese letzte Phase archäologisch klar umrissen ist. Kennzeichnend ist die Ausdehnung der Bauten in alle Himmelsrichtungen – auf einem Areal von insgesamt knapp 5000 Quadratmetern –, am stärksten im Bereich der Westflügel. Untersuchungen der organischen Fundstücke zeigen, dass Qumran damals nicht militärisch, sondern zivil genutzt wurde. Im Bereich der Siedlung lassen sich deutlich landwirtschaftlich genutzte Flächen und Räume feststellen sowie Reste der industriellen Produktion von Handelsgütern, besonders Keramik und Balsam.

Einrichtung und bewegliche Gegenstände beweisen weiters, dass eine Gruppe von Menschen andauernd in Qumran gewohnt hat. Geht man von der allgemein üblichen Schätzung von etwa 15 bzw. 20 Menschen pro 1000 Quadratmetern aus, kann man in dieser Zeit mit 60–70 ständigen Bewohnern rechnen. Die Zahl der nicht sesshaften Bewohner, die in

Höhlen oder Zelten nahe der Siedlung gelagert haben, lässt sich nicht mehr erschließen, insbesondere deshalb, weil die Anzahl der Gräber seriöserweise nicht herangezogen werden kann. Drei Steintreppen, die nach oben führen, belegen, dass es ein Obergeschoss gegeben hat, in dem möglicherweise Schlafräume untergebracht waren. Auch wenn man im Inneren dieser Zimmer wenig rekonstruieren konnte, lässt sich die Annahme von Roland de Vaux, hier wäre kein normales Leben möglich gewesen und der erste Stock habe lediglich als Arbeitsbereich, Schreibdiele und Bibliothek gedient, nicht halten. Einmal mehr nämlich unterscheidet sich der Befund nicht bemerkenswert von vergleichbaren antiken Siedlungen in der Region.

Die Ausdehnung der Anlage erlaubt weiters eine deutliche Differenzierung zwischen West- und Ost-Teil. Der Hauptbau (Osten) blieb gegenüber der Hasmonäerzeit beinahe unverändert und wurde als Wohntrakt genutzt. Zahlreiche Funde wie Säulen, Kapitelle und Steingefäße deuten sogar auf einen gewissen Grad von Luxus hin. Der Raum, den Roland de Vaux als Skriptorium auswies, dürfte ein Speiseraum gewesen sein, die Kalk- und angeblichen Schreibtische werden heute als Wandbänke interpretiert. Ganz sicher aber können die drei aufgefundenen Tintenfässer nicht als Beleg für eine literarische Tätigkeit herangezogen werden, sondern beweisen lediglich, dass in Qumran (auch) geschrieben wurde, sehr wahrscheinlich Rechnungen und Kaufverträge zu den produzierten Handelswaren. Auch die Identifizierung der übrigen Räume mit einer Bibliothek für die fertigen Schriftrollen ist aus Sicht der Archäologie heute nicht mehr haltbar. Die Bibliotheken der Antike – wie etwa aus dem Nordpalast von Masada bekannt – verfügten über einen Raum mit großen Wandnischen (für die Aufbewahrung der Rollen) und einen hellen, von Säulen umgebenen Innenhof bzw. eine Säulenhalle (wo man die Rollen studieren konnte). Beide Hauptmerkmale fehlen in Qumran gänzlich, sodass Wissenschaftler heute davon ausgehen, bei der „Bibliothek“ des Roland de Vaux dürfte es sich um ein System an Vorrats- und Arbeitsräumen (Küche, Wäscherei etc.) gehandelt haben.

Westteil und Osterweiterung hingegen waren klar von landwirtschaftlicher sowie industrieller Produktion geprägt. Hier wurden auch Überreste von zahlreichen industriellen Installationen gefunden, von denen der große Brennofen im Ostflügel des Hauptgebäudes besonders wichtig ist. Dieser diente dazu, Keramik herzustellen, der im Zuge der Ausgrabungen entdeckte volle Lagerraum belegt die industrielle, für den Handel bestimmte Produktion dieser Waren. Ein Vorratsraum und eine Weinpresse sowie ein großer Speisesaal bilden die Hauptbestandteile des südlichen Anbaus. Wenngleich es rückblickend schwierig ist, allen Zimmern eine klare Funktion zuzusprechen, ist in den meisten Fällen dennoch offensichtlich, dass die ursprüngliche Interpretation von Roland de Vaux falsch ist. Eine Kammer mit einer Grube etwa deutete er als Toilette, und zwar ungeachtet dessen, dass keinerlei Wasserkanal oder Spülwasservorrichtung vorhanden waren. Der in einer solchen „Toilette“ entstehende Gestank aber müsste unerträglich gewesen sein und es lässt sich nicht erklären, warum die ansonsten so funktionale und durchdachte Siedlung eine derart unnötige, ja kontraproduktive Konstruktion beinhaltet haben sollte.

Westflügel und Wassersystem

Der bedeutendste Anbau war jedoch der von einer Mauer umgebene Westflügel, der mit mehr als 2400 Quadratmeter Areal die ursprüngliche Fläche von Qumran beinahe verdoppelt hat. Zusammen mit Stallungen und Vorratsräumen dominieren auch in diesem Teil die Nachweise einer industriellen und landwirtschaftlichen Aktivität. Lager, Werkstätten, eine runde Zisterne und ein großer offener Platz wurden erbaut. Ein Garten und die Struktur des Aquädukts sind ebenfalls klar mit der Produktion von Gütern in Zusammenhang zu bringen. Den Stall bildete eine Holzkonstruktion mit Steinfundament, in der rund 10–15 Tiere Platz fanden. Da alle Räume mehrere Öffnungen wie Fenster und Türe aufweisen, wird deutlich, dass die militärische Funktion der Siedlung damals – zugunsten wirtschaftlicher Interessen – bereits vollständig aufgegeben worden war. Am interessantesten sind jedenfalls die zahlreichen Keramikfunde (Gefäße, Geschirr, Vasen und Krüge), die mit Sicherheit nicht nur für den Bedarf der Einwohner, sondern für den Handel gedacht waren.

Postuliert man aber die Produktion von Keramik als eine der Hauptaufgaben der Bewohner von Qumran, ist es notwendig, Eigenschaft und Funktion von Keramik im Judentum zur Zeit um Christi Geburt näher zu beleuchten. Im Unterschied zu Steingefäßen – die in der Produktion aufwändiger und daher teurer waren – konnten Keramik und Glas, sofern diese religiös unrein geworden waren, nicht mehr „gereinigt" werden. Daher mussten rituell unreine Keramikgefäße den Vorschriften gemäß entsorgt werden, wie dies mehrere vergrabene Keramikkrüge in der Nähe der Umfassungsmauer belegen. Um solche Verluste aber in Grenzen zu halten, wurde die Herstellung von zur kultischen Verwendung bestimmten Keramikgegenständen an Fachkräfte delegiert, die in allererster Linie über die rituellen Vorschriften der Reinheit Bescheid wissen mussten und nach diesen Bestimmungen zu leben und zu arbeiten gezwungen waren, sollten ihre Erzeugnisse rein blieben.

In diesem Zusammenhang wird auch das ausgeklügelte Wassersystem von Qumran verstehbar. Dieses wurde zeitgleich mit den übrigen Erweiterungen ausgebaut und besteht aus einer Vielzahl von Wasserreservoiren, Zisternen und den so genannten Mikwaot. Die Wassermenge, welche in Qumran gefasst werden konnte, beträgt rund 1300 Kubikmeter. Raum für sehr viel Wasser also, was jedoch für ein Wüstengebiet, dessen Wasserversorgung von den seltenen und plötzlich auftretenden Hochwasserzeiten abhängig ist, keineswegs ungewöhnlich ist. In kurzer Zeit nämlich musste das System in der Lage sein, große Wassermengen aufzunehmen, ein Überlaufsystem war notwendig sowie Setzbecken für Schlamm und Schmutz; die teure Wartung der Anlage ist ein weiteres Merkmal, das für wohlhabende Betreiber spricht. Im Wassersystem selbst jedenfalls wurde zwischen der normalen Trinkwasserversorgung (für Mensch und Tier), der Bewässerung der Felder und den Mikwaot, den Reinigungsbecken, unterschieden, wobei Letzteren eine (vielleicht ausschließlich) rituelle Funktion zukam.

In herodianischer Zeit gab es in Qumran zwei große Reservoire und eine Zisterne, deren Wasser sowohl für den Haushalt als auch für Tiere und Bewässerung verwendet werden konnte. Sie waren durch Holzkonstruktionen überdacht, die auch als Wohnräume gedient haben dürften und das Wasser vor zu starker Verdunstung schützten. Neben diesen Reservoirs bestanden mindestens zehn kleinere Becken, in die Stufen hineinführten. Ähnliche Becken wurden – wenngleich größenmäßig kleiner – auch in Jerusalem, Sepphoris und Jericho entdeckt. Bei manchen Becken ist die Treppe durch eine doppelte bzw. dreifache Scheidewand getrennt, wodurch der Kontakt zwischen den hineingehenden – unreinen – und den hinausgehenden – reinen – Menschen vermieden werden konnte. Schließlich ist auch die Lokalisierung der Mikwaot keineswegs beliebig, ja, die Nähe zu den Ein- und Ausgängen der Siedlung ein Beleg dafür, dass diese zu kultischen Waschungen im Anschluss an die Arbeit auf den Feldern bzw. in den Werkstätten gedient haben.

Die Mikwaot als religiöse Einrichtungen waren einer der Grundpfeiler der Essener-Hypothese von Roland de Vaux. Jedoch ist ihre große Anzahl – bei genauerer Betrachtung – nicht ungewöhnlich, gab es in Masada doch mindestens 15 Mikwaot und in den Palastanlagen von Jericho – einer Stadt mit starker Priesterdominanz – über 30 Reinigungsbäder. Mit Sicherheit aber wurden die Mikwaot von Qumran von Menschen benützt, die ein starkes religiöses Reinheitsbedürfnis hatten. Für den hohen Stellenwert der kultischen Reinheit (wie für den Reichtum der Bewohner) spricht nämlich auch die reichhaltige Sammlung von Fragmenten (knapp 200 Stück) von reinen (und teuren) Steingefäßen. Ob diese auf Reinheit bedachten Menschen aber einem priesterlichen Milieu angehörten oder die Reinheit Voraussetzung für ihre Arbeit war, ist insofern schwer zu bestimmen, als nicht mehr nachgewiesen werden kann, ob tatsächlich alle Mikwaot gleichzeitig in Betrieb waren.

Industrielle Produktion
Neben dem aufwändigen Wassersystem belegen die Säulen und Halbsäulen aus Sandstein sowie die kunstvollen Kapitelle aus der 3. Besiedelungsperiode, dass die Siedlung ansprechend gestaltet war und von wohlhabenden Menschen bewohnt wurde. Dennoch war Qumran kein Palast und auch keine fürstliche Residenz, wie das Fehlen der – in den Wohnhäusern der Oberschicht von Jerusalem, Jericho oder En Gedi üblichen – Bodenmosaike und Fresken zeigt. Die Bewohner von Qumran verzichteten also auf nicht zweckdienlichen Prunk, selbst wenn sie sich diesen hätten leisten können – wurden in der Anlage doch an einem einzigen Ort 561 Silbermünzen gefunden. Bei diesen Münzen handelt es sich vorwiegend um tyrische Tetradrachmen, welche die Juden gebrauchten, um ihre Tempelsteuern zu bezahlen (Mt 17,27). Tyrische Tetradrachmen waren nämlich die einzige Währung, die von den Priestern als Entlohnung für ihre Arbeit akzeptiert wurde. Daher könnte man aus der auffälligen Häufung dieser Münzen auf eine Priesterorientierung der Qumran-Gemeinde schließen. Sofern dies zuträfe, ließe sich die große Anzahl an Tetradrachmen damit erklären, dass die Bewohner von Qumran ausschließlich (oder bevorzugt) diese Währung als Bezahlung akzeptiert haben.

Von den Tetradrachmen abgesehen wurden in der Nähe des Haupttores weitere 673 Silber- und Bronzemünzen gefunden, eine ungewöhnlich große Zahl, die auf eine lebhafte

Handelstätigkeit schließen lässt. Damit aber scheitert die Essener-Theorie von Roland de Vaux einmal mehr an der Realität, denn nach Plinius waren die Essener Menschen, die „ohne Geld lebten und allein mit Palmen Umgang pflegten"...

Auffällig sind darüber hinaus die zahlreichen industriellen Einrichtungen aus herodianischer Zeit, besonders im Westflügel. Es gab Öfen zur Erzeugung von Keramik, eine Schmiede, einen großen Backofen aus Lehmziegeln und eine von einem Tier anzutreibende Getreidemühle. Außerdem wurden zwei Silos zum Speichern von Getreide freigelegt, eine eigene Werkstatt diente wahrscheinlich der Herstellung von Balsam und in der jüngeren Forschung ist immer wieder von einer Seifenproduktion die Rede. Denn sowohl Wasser als auch

Rekonstruktion Wirtschaftstrakt von der Westseite der Anlage von Qumran. Dieser Teil der Siedlung war der industriellen Produktion (Dattelwein, Balsam und vor allem Keramik) gewidmet.

Tierfett waren vorhanden, ja, die Bewohner von Qumran hatten die Möglichkeit, die erforderliche Natronlauge aus am Toten Meer heimischen Pflanzen zu gewinnen. Weiters wurde eine kleine Weinpresse gefunden; landwirtschaftliche Geräte zeugen davon, dass das Land im unmittelbaren Umfeld bestellt wurde, für die Schafschur gebrauchte Scheren und Tierknochen deuten auf Viehzucht hin.

Südlich vom Wohnbereich schließlich wurden die vielleicht wichtigsten Funde gemacht: zwei weitere mittelgroße Brennöfen, die zur festen Einrichtung einer Töpferei gehörten und damit auf eine Werkstatt von einer in Palästina einmaligen Größenordnung hinweisen. Darüber hinaus wurde ein Lager mit der gewaltigen Menge von mehr als drei Tonnen natürlichem Ton ausgegraben, der offensichtlich für die Weiterverarbeitung vor Ort bestimmt war. In einigen Zisternen gibt es Reste von Tondepositen; die chemische Analyse von Ton und Keramik beweisen sowohl den Import des Rohmaterials aus Ägypten als auch den Verkauf der fertigen Güter nach Jericho und Jerusalem. Last but not least ist aus dieser Zeit mindestens eine Töpferscheibe erhalten, die fälschlicherweise allerdings bisweilen für eine Sonnenuhr gehalten wurde.

Bemerkenswert ist zuletzt, dass in der gesamten Siedlung, in der organisches Material aller Art sichergestellt werden konnte (wie Tragbalken aus Dattelpalmenholz, Matten, Seile aus Dattelpalmenfasern, Tierknochen, Dattelkerne, Ledersandalen, Lederriemen, geflochtene Korbwaren etc.) kein einziges Fragment von Pergament oder gar einer Schriftrolle entdeckt wurde – wie dies im Gegensatz dazu in Hyrkania oder Masada geschehen ist, wo innerhalb der Anlage beschriebene Rollen gefunden wurden. Das einzige Textmaterial sind Ostraka, d. h. Scherben mit Inskriptionen, wobei die Inschriften meist lediglich aus jüdischen Namen wie Joseph, Schimon, Pinhas, Yohanan etc. bestehen. Damit beweisen diese Dokumente, dass Qumran von Juden bewohnt wurde, viel mehr aber nicht.

Priester als Bewohner von Qumran?

Wenn auf diesen Seiten die Verbindung zwischen den Essenern und Qumran als unhaltbar dargestellt wird, dann bedeutet dies nicht, ihre Existenz innerhalb des Judentums zu verneinen. Die Essener waren – sehr wahrscheinlich – eine jüdische Gruppierung, die ähnlich wie die Sadduzäer, Zeloten oder Herodianer leider keine exklusiv mit ihnen in Verbindung zu bringenden materiellen Spuren hinterlassen haben. Was die Siedlung von Qumran betrifft, bestehen keine Anhaltspunkte, die Essener als ihre Bewohner anzunehmen. Die drei berühmten Tintenfässer bezeugen zusammen mit Graffiti und Ostraka, dass die Einwohner von Qumran, oder besser: einige Einwohner von Qumran, schriftkundig waren. Sofern die Rekonstruktion von Ada Yardeni zutrifft, beweist das Qumran-Ostrakon, dass in der unmittelbaren Umgebung Landwirtschaft betrieben wurde, jedoch weder, dass in Qumran die Jahad gelebt hat, noch, dass die Schriftrollen vom Toten Meer hier verfasst wurden.

In Qumran wurde eine große Menge an Töpferwaren sichergestellt. Vieles war noch unbenutzt, während andere Behältnisse wohl absichtlich begraben worden waren, wahrscheinlich um unwiederbringlich unrein gewordene Gefäße zu entsorgen. Der Umstand, dass in den Höhlen die gleichen Keramiktypen gefunden wurden wie in der Siedlung, ist wiederum ein starkes Argument, will man die Anlage von Qumran mit den Höhlen in Verbindung bringen.

Die Herrschaftsperiode von Herodes dem Großen brachte Judäa und besonders der Region um das Tote Meer einen deutlichen wirtschaftlichen Aufschwung. Die herodianische Anlage von Qumran ist geräumig, solide gebaut und war das Arbeitszentrum jener Menschen, die in den nahe gelegenen Höhlen oder Zeltlagern gewohnt haben. Von diesen Arbeitern abgesehen gab es zugleich eine Gruppe von Menschen, die sowohl beruflich in Qumran tätig waren als auch stabil dort residierten. Der Umstand, dass die Römer im Jahr 6 n. Chr. Judäa in ihr Reich eingliederten, beeinflusste ihre Arbeit und ihr Leben kaum. Während nämlich die Balsam- und Dattelplantagen von Jericho und En Gedi von der römischen Verwaltung angeeignet wurden, ist ein solches Vorgehen für Qumran nicht belegt. Der Grund ist vermutlich, dass in Qumran hauptsächlich Güter produziert wurden, die für die Römer uninteressant waren, nämlich rituell reine Keramikprodukte.

Während der Zeit des Zweiten Tempels war die Region um das Tote Meer ein Sammelpunkt für Menschen unterschiedlichsten sozialen Milieus. Mitglieder der jüdischen Aristokratie entdeckten ebenso das angenehm milde Winterklima wie auch wohlhabende Priesterfamilien, die sich am Toten Meer niederließen, um ihre eigenen wirtschaftlichen Interessen zu verfolgen, der Landwirtschaft nachzugehen etc. Qumran dürfte ursprünglich als Landgut einer solchen Priesterfamilie ausgebaut worden sein. Mit der Zeit veranlassten der gesellschaftliche Wandel und der gewaltsame Kampf um das Hohepriesteramt immer mehr Priester dazu, den traditionellen Tempeldienst hinter sich zu lassen und in die Wüste zu ziehen. Manche von ihnen – wie etwa Johannes der Täufer – lebten als Asketen in der Wüste und suchten auf diese Weise ihre Erlösung, andere bildeten Interessengemeinschaften.

In Qumran, aber auch in der Nähe von Jericho, fanden sich solche Priestergruppen zusammen. Die meisten waren stark reaktionär ausgerichtet, vertraten eine strikte Observanz der religiösen Gesetze und verurteilten scharf die Nachlässigkeit des offiziellen Priestertums. Getrennt vom Tempel und dem traditionellen Opferkult erhielt das Leben in absoluter ritueller Reinheit für sie enorme Bedeutung. Die Anlage von Qumran erfüllte baulich alle erforderlichen Bedingungen. Die abtrünnigen Priester betrieben Landwirtschaft und fanden in der Produktion von rituell reinen Keramikgefäßen eine zusätzliche und lukrative Einnahmequelle. Da die jüdischen Reinheitsgesetze sehr streng waren, ja, in der damaligen Zeit mehr und mehr verschärft wurden (wie die Schriften vom Toten Meer, z. B. 4QMMT belegen), waren Keramikprodukte für fromme Juden verhältnismäßig rasch nicht mehr brauchbar.

Der Kontakt mit unreinen Menschen oder Gegenständen machte die Keramik unrein, aber auch das Austauschen von unreinen Flüssigkeiten zwischen zwei Gefäßen. Streng genommen waren selbst vergossene Flüssigkeiten Unreinheitsträger. Denn wo der Flüssigkeitsstrom ununterbrochen von einem reinen in ein unreines Gefäß führt, leitet die Flüssigkeit – nach der damaligen Vorstellung – die Unreinheit gegen ihren Strom zum ersten ursprünglich reinen Gefäß zurück. War also bereits der Gebrauch rituell reiner Gegenstände komplex genug, musste deren Herstellung nach noch viel exakteren Vorgaben ablaufen. Mehr noch, es waren – um eine absolute Reinheit zu garantieren – Priester notwendig, die selbst ein gänzlich reines Leben führten. Angesichts der Tatsache, dass diese Priester vom Tempel getrennt waren und diese Trennung mit Sicherheit als schmerzlich empfanden, war es für sie wichtig, äußerliche Formalia einzuhalten wie etwa die Bezahlung in der offiziellen Tempelwährung, den tyrischen Tetradrachmen.

Ende der 1990er Jahre wurden von Forschern der Hebrew University in Jerusalem und der Universität Budapest chemische Analysen (Instrumentale Analyse der Neuronenaktivierung) durchgeführt, um die Zusammensetzung von Keramikresten zu erforschen. Das Ergebnis dieser Untersu-

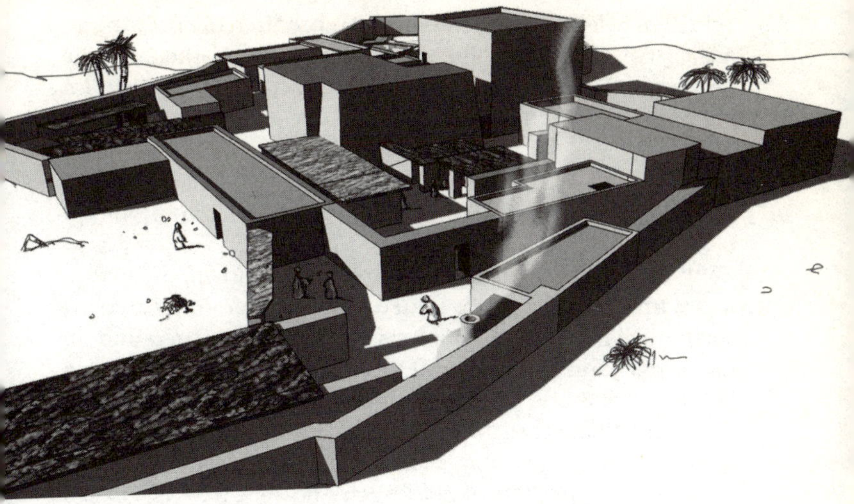

Rekonstruktion des Wohnbereiches mit der Keramikwerkstatt im Vordergrund

chung war, dass in Qumran produzierte Keramik von der aus En Gedi und Masada unterschieden werden und in verschiedenen Gebieten Palästinas nachgewiesen werden konnte. Meist ist bei diesen Funden eine religiöse Verwendung naheliegend. Der Umstand, dass die Fundstücke eher spärlich sind, spricht angesichts der Reinheitsproblematik nicht gegen die hier vorgeschlagene These, sondern für sie. Die unrein gewordene Keramik wurde nämlich gemäß den biblischen Vorschriften unverzüglich zerstört und sorgfältig entsorgt, war jeder weitere Kontakt mit diesen Gegenständen doch ein zu vermeidendes Übel. Wenngleich die Schriftrollen vom Toten Meer unserer Ansicht nach also nicht in Qumran produziert wurden, so sind sie doch im Wissen und – sehr wahrscheinlich – unter Mithilfe der Qumran-Bewohner in den Höhlen eingelagert worden. Da die Inhalte dieser

Schriften priesterlich dominiert waren, hatten die in Qumran ansässigen Priesterfamilien wohl auch keine Vorbehalte, die Verbergung dieser Schriften zu ermöglichen. Doch dazu im nächsten Abschnitt.

Jerusalem und Jericho als Ursprung der Schriftrollen

Zählt man alle Fragmente und Rollen zusammen, die gefunden wurden, und addiert dazu die Anzahl der Rollen, die ursprünglich noch in den Höhlen gewesen sein dürften und im Laufe der Jahrhunderte entfernt wurden (wie z. B. aus den Höhlen 3, 4, 8 und 9), kommt man auf eine Größenordnung von rund 1000 Schriftrollen und Dokumenten, die zwischen 66 und 68 n. Chr. in den Höhlen am Toten Meer eingelagert wurden. Von etwa 900 dieser Rollen sind Teile bzw. ist ein Teil erhalten. Etwa 660 Schriften können inhaltlich bestimmt werden, in zehn Fällen ist mehr als die Hälfte des Textes noch lesbar. Die Große Jesajarolle aus Höhle 1 ist vollständig erhalten. Bei der inhaltlichen Analyse der Dokumente lässt sich feststellen, dass diese unterschiedliche theologische Auffassungen vertreten. Dies ist durchaus nicht ungewöhnlich. Denn zum einen bestand die jüdische Gesellschaft aus einer ganzen Reihe an – meist von Priestern geleiteten – Gruppierungen, welche die für alle geltenden Gesetze individuell auslegten, entsprechende Texte verfassten und z. T. sogar kleinere Bibliotheken anlegten.

Zum anderen bestand und besteht im Judentum durchaus eine lange Tradition des religiösen Diskurses, bei dem eben nicht nur die eigenen Ansichten präsentiert, sondern auch gegensätzliche Anschauungen besprochen werden. Daher ist es durchaus denkbar, dass in der großen Tempelbibliothek von Jerusalem sogar Schriften gesammelt wurden, die dem offiziellen Priestertum kritisch gegenüberstanden. Solche konträren Meinungen waren insbesondere für die Ausbildung der

Jungen von Bedeutung, die zum geschickten Argumentieren herangezogen werden sollten. Auch unter dieser Rücksicht ist es naheliegend, dass der Tempel – als Ausbildungsstätte schlechthin – Ort der ursprünglichen Sammlung zumindest eines großen Teils der Schriftrollen gewesen sein dürfte. Ähnliches gilt für Jericho, das ebenfalls stark von Priestern dominiert war und eine eigene Bibliothek besaß.

In den Jahren 66/68 n. Chr. wurde immer deutlicher, dass sich der Konflikt mit den Römern militärisch zuspitzen würde, und es ist daher anzunehmen, dass die verschiedenen religiösen Gruppierungen sich bemüht haben, wertvolle Güter wie eben auch Schriftrollen rechtzeitig in Sicherheit zu bringen. Bei allen theologischen und sozialen Differenzen dürfte diese Bedrohung von außen zumindest dahingehend eine Einigung unter den Juden bewirkt haben, dass Glaubensbrüder – wie eben die Bewohner von Qumran – den Jerusalemer Priestern bei der Einlagerung der Rollen in die Höhlen behilflich waren, konnten diese zum Teil doch nur über die Siedlung erreicht werden. Nicht zuletzt dürften zwischen ihnen bereits früher Handelsbeziehungen bestanden haben, manche der Krüge, in denen die Dokumente gelagert waren, stammen aus Qumran – sei es aus früheren Tagen, sei es unmittelbar von der Verbergungsaktion herrührend.

Mit der Herstellung und Nutzung der Schriften hatten die Bewohner von Qumran jedoch kaum bis gar nichts zu tun. Die Zerstörung der Anlage im Jahre 68 n. Chr. war gleichzeitig der Moment, da die Bewohner der Siedlung ihre Produktion aufgaben. Die Höhlen, die ursprünglich wohl nur als kurzfristiger Lagerort gedacht waren, blieben verlassen zurück und mit ihnen die Schriftrollen. In den politischen Wirren und als Folge der Zerstörung Jerusalems gerieten sie in Vergessenheit, bis ein Zufall sie im Jahr 1947, kurz vor der Neugründung des Staates Israel, wieder ans Tageslicht brachte.

Rekonstruktion der Anlage von Qumran, wie sie in der Zeit ihrer größten Ausdehnung ausgesehen haben dürfte. Links von der Siedlung lag der Friedhof, im Hintergrund am Ufer des Toten Meeres befindet sich die Oase von En Feshkha.

6. Die Jesus-Bewegung innerhalb ihrer israelitischen Umwelt

„Gottes Sohn wird er genannt,
Sohn des Höchsten wird man ihn heißen."
4Q246 UND LUKASEVANGELIUM 1,32

Die Schriften aus der judäischen Wüste stellen einen bedeutenden und einmaligen Auszug aus der jüdischen Literatur der späten nachexilischen Zeit (2. Jh. v.–1. Jh. n. Chr.) dar. Sie stammen – so viel gilt gegenwärtig als gesichert – nicht von einer einzigen Autorengruppe wie etwa den Essenern, Sadduzäern oder Zeloten. Vielmehr legen Reichhaltigkeit und Vielfalt des Textmaterials nahe, dass die Schriftrollen einen repräsentativen Querschnitt der jüdischen Literatur der damaligen Zeit darstellen. Über Johannes den Täufer, Jesus und die ersten christlichen Gemeinschaften sagen die Qumran-Schriften nichts direkt aus, sie können jedoch als Verständnishilfe dienen. Allen Verschwörungstheorien zum Trotz erschüttern die „Dead Sea Scrolls" nicht die Glaubensgrundlagen des Christentums. Vielmehr liefern sie ein Hintergrundwissen, von dem die Bibelwissenschaftler vor 1947 nur träumen konnten.

Das Judentum als multikulturelle Gesellschaft

Vor der Entdeckung der Schriftrollen war die Vorstellung von der jüdischen Gesellschaft zur Zeit Jesu von den Beschreibungen des Josephus Flavius und später von den Werken der rabbinischen Tradition – Mishna, Tosefta, Palästinischer und

Babylonischer Talmud – geprägt. Ab dem 3. Jh. n. Chr. wurden – besonders im Babylonischen Talmud – mehr und mehr die Pharisäer als die eigentlichen Träger der einen wahren jüdischen Tradition dargestellt, Sadduzäer, Essener, Zeloten und andere Gruppierungen dagegen – von denen keine eigenen Schriften bekannt waren – eher zu Randerscheinungen degradiert. Das Judentum wurde als eine monolithische, stark normative Religion gesehen, deren Gläubige sich über Inhalt, Umfang und Ordnung ihrer heiligen Schriften einig waren. Weiters ging man davon aus, dass die jüdische Tradition ab der Rückkehr aus dem babylonischen Exil bis zur Zeit des Rabbinismus hohe Kontinuität besaß.

Die in den Höhlen der judäischen Wüste aufgefundenen Textdokumente haben dieses Bild radikal verändert. Mit einem Mal liegen Zeugnisse von Gruppierungen vor, die bis 1947 völlig unbekannt waren, eine eigene Theologie entwickelt haben, eigene Schriften besaßen und nach deren Geboten ihr Leben ausrichteten. Die Schriftrollen vom Toten Meer dokumentieren weiters einen in aller Schärfe geführten Streit um die richtige Interpretation des Gesetzes, um die am Jerusalemer Tempel tätigen Priester und um ihre Autorität. Die konkrete Anwendung der Tora steht dabei einerseits im Kontrast zu den Positionen der Pharisäer, andererseits weichen auch die innerhalb der Schriftrollen vertretenen Ansichten stark voneinander ab, weshalb es unmöglich ist, anzunehmen, sie alle könnten von ein und derselben Autorengruppe stammen.

Darüber hinaus beweisen die „Dead Sea Scrolls" eine hohe literarische Produktivität in einer Zeit, von der die meisten Forscher genau das Gegenteil angenommen hatten. Das Gros der Wissenschaftler war nämlich vor 1947 davon ausgegangen, dass zwischen den letzten Büchern des Alten Testamentes und den ersten des Neuen Testamentes kaum literarische Werke entstanden sind, sondern vielmehr der Prozess der Kanonisierung der heiligen Schriften stattgefunden hat. Dies war aber gerade nicht der Fall. Die Prophetie ging keineswegs mit dem Buch Daniel zu Ende und die Weisheitsschriften waren auch nicht das letzte Zeugnis der jüdischen Literatur. Die Funde vom Toten Meer eröffnen eine große Breite an jüdischer Theologie aus der zwischentestamentlichen Zeit, wobei die Hauptthemen – wie Erlösung, Messianismus, Heiligkeit, Interpretation der Tora und Verhältnis zum Tempel – quer durch die unterschiedlichen Texte wiederkehren, jedoch durchaus kontrovers behandelt werden. Die Erwartung der Erlösung war – manchmal auch in apokalyptischen Zügen – allgemein verbreitet, der Glaube an einen Messias aus dem Haus David – wie er aus den Evangelien immer wieder hervorgeht – allerdings nicht. Stattdessen ist von Engeln die Rede, von priesterlichen Messiassen, lehrenden Messiassen oder von Laien-Messiassen, die als Soldaten und Kämpfer tätig sind, jedoch von keiner konkreten messianischen Gestalt.

Einigkeit bestand auch in der Überzeugung, dass Gott Frevler und Gottlose bestraft, Gerechte und Verfolgte dagegen erlöst. Wer diese Gottlosen und wer die Gerechten waren, wurde allerdings heftig diskutiert, die Schriftrollen bleiben eine endgültige Antwort schuldig. In jenen Schriften – wie CD, 1QS, 4QMMT –, die jüdische Gemeinschaften mit sektiererischen Zügen beschreiben, wird weiters die Ansicht vertreten, die Rettung der Gemeinschaft könne nur von einer kleinen rechtschaffenen Gruppe ausgehen. Ein anderer Punkt, der alle Autorengruppen beschäftigt, ist die Frage nach der Reinheit bzw. der Heiligkeit von Volk und Land. Was ist Reinheit? Wie haben die entsprechenden Rituale auszusehen? Und: Welcher Kalender hat Gültigkeit, wenn es darum geht, Rituale, Feste und Opfer rechtmäßig zu zelebrieren?

Die Antworten auf diese Fragen stehen einander bisweilen recht nahe, zum Teil gab es aber derart eklatante Spannungen, dass man diese wohl nur durch Abspaltung lösen konnte. Als Beispiel könnte man hier Bewegungen wie die Jahad oder die Gemeinschaft des Damaskusdokumentes nennen, aber auch in den Henoch-Büchern, in der Tempelrolle und im Jubiläenbuch sind Abspaltungstendenzen spürbar. Summa summarum zeichnen die Schriftrollen das Bild von einem stark religiös geprägten Judentum mit einer ausgeprägten Frömmigkeit und einem Wortschatz, der jenem des Neuen Testamentes durchaus ähnlich ist.

Johannes der Täufer, Jesus und die ersten Jünger

Vor dem Hintergrund dieser schriftlichen Zeugnisse muss das Bild von der jüdischen Gesellschaft um Christi Geburt – wie wir gesehen haben – neu entworfen werden. Zugleich lässt sich der sozialhistorische Hintergrund mancher Schlüsselfiguren besser bestimmen wie z. B. im Fall von Johannes dem Täufer. Wenngleich die Figur des Johannes in den „Dead Sea Scrolls" nicht unmittelbar belegt ist, gewinnt er dank der Schriftrollen doch an Glaubwürdigkeit. Johannes stammt aus einer Priesterfamilie, verbringt sein Leben jedoch nicht am Jerusalemer Tempel, sondern in der Wüste. Diese biblische Darstellung entspricht genau dem Textbefund vom Toten Meer. Angesichts der Spaltung des Priestertums war es zu dieser Zeit keineswegs außergewöhnlich, wenn Priester die Gemeinschaft um den Jerusalemer Tempel verließen, neue Gemeinschaften bildeten oder als Einsiedler lebten bzw. sich mit einer kleinen Gruppe von Jüngern in die Wüste zurückzogen. Auch die überlieferte Taufe im Jordan lässt sich mit der großen Bedeutung von Reinheitsritualen in Verbindung bringen. Die Taufe an der Stelle des Einzugs in das Gelobte Land war zugleich ein symbolischer Einzug in das „neue Israel". Damit überbietet Johannes die mehrmals täglich zu praktizierenden rituellen Waschungen und vergibt die Sünden.

Auch Jesus Christus wird nirgends explizit genannt. Sein Auftreten als Wanderlehrer, der die Autorität besitzt, Gesetz und Propheten – sprich: die heiligen Schriften seines Volkes – auszulegen, ist aber im Kontext des Judentums seiner Zeit offenbar nichts Außergewöhnliches. Jesus verschärft manche Vorschriften – so wird Ehebruch beispielsweise bereits beim Betrachten und Begehren, nicht erst beim Vollzug begangen – und bietet dabei keine autoritative Instanz zur Rechtfertigung seiner Aussagen an als sich selbst. Texte wie 4QMMT und die Tempelrolle stehen ebenfalls in dieser Tradition. Und auch sein Messias-Anspruch passt durchaus zum Geist seiner Zeit, in der – wie die Schriftrollen belegen – bald ein, bald mehrere Messiasse erwartet wurden. Jesu Bedeutung als jüdischer Messias ist von daher also zu relativieren, noch dazu, da er de facto sein ganzes Leben in Galiläa verbracht hat, weit weg vom Jerusalemer Tempel und den dortigen theologischen Diskussionen.

Jesu Jünger waren weder Priester noch gehörten sie – mit Ausnahme von Simon, der als Zelot bezeichnet wird – anderen bekannten Gruppierungen an. Vielmehr waren sie Fischer oder Arbeiter. Vielleicht ist Jesus aber gerade aus diesem Grund auch frei, sich von den starren Auffassungen der Schriftrollen bzw. der damaligen Zeit zu befreien und den Menschen gegenüber dem Gesetz hervorzuheben. Er integriert die Sünder, betont die innere Reinheit und wertet die Rituale der äußeren Reinheit ab. Bezüge zu den „Dead Sea Scrolls" gibt es dennoch: So leitet Jesus das Gebot zur Feindesliebe etwa mit den Worten ein: „Ihr habt gehört, dass gesagt wurde: Du sollst deinen Nächsten lieben und deinen Feind hassen." Ein solches Gebot ist im Alten Testament jedoch nicht belegt, sehr wohl aber in der Gemeinderegel (1QS). Im Gleichnis vom barmherzigen Samariter dann sind die ersten beiden Menschen, die des Weges kommen, ein Priester und ein Levit, also ein Helfer des Priesters. Abgesehen von der theologischen Bedeutung der Perikope spiegelt die Erzählung historische Fakten wider, die sich mit dem Befund der Schriftrollen decken: Die Straßen auf dem Weg von Jerusalem nach Jericho waren gefährlich und das Gebiet von einer großen Zahl an abtrünnigen Priestern bewohnt.

Terminologie der Schriftrollen und des Neuen Testaments
Besonders im zweiten Korintherbrief (Kapitel sechs) kommen mehrere Wendungen vor, die an Formulierungen der Schriftrollen vom Toten Meer erinnern. Sie betreffen die folgenden Themen: kein Umgang zwischen Gerechten und Frevlern, Unterscheidung der Welt in Licht und Finsternis ohne Grauzone, Ermahnung zur Reinheit. Weiters wird hier wie dort der Name Belial gebraucht, um das Böse zu identifizieren. Auch in der Bergpredigt finden sich in den Schriftrollen belegte Ausdrücke und Redeweisen: die Armen im Geiste (1QM), die Verpflichtung, die Wange hinzuhalten (1QS). Die jesuanischen Antithesen (Ihr habt gehört ... ich aber sage euch ...) erinnern stark an 4QMMT (Ihr wisst ... wir aber meinen). Schließlich erwähnen die Schriftgelehrten, die Jesus prüfen wollen, das Gebot vom Feindeshass. Ein solches Gebot ist im Alten Testament allerdings nicht überliefert. Die einzige parallele Stelle findet sich vielmehr in 1QS.

Auffällige Parallelen bestehen weiters bezüglich des Ausdrucks „neuer Bund", der sowohl in der Damaskusschrift als auch beim Letzten Abendmahl verwendet wird, um die Gruppe der Erwählten zu bezeichnen, aber auch die Bezeichnung „episkopos", die – aus dem Hebräischen („mebaqqer") übertragen – den Leiter der Gemeinschaft bezeichnet. Darüber hinaus ist die dualistische Division der Gesellschaft in „Kinder des Lichtes" und „Kinder der Finsternis" Evangelien und Schriftrollen gemeinsam, das Segensgebet und das Trinken des Weins verbinden die Berichte vom Letzten Abendmahl mit den Aufnahmeritualen der Jahad in 1QS und die Einstellung Jesu zur Scheidung entspricht – entgegen der jüdischen Praxis – den Ansichten von Tempelrolle und Damaskusschrift. Diese und andere Ähnlichkeiten müssen aber nicht notwendig das Ergebnis einer direkten Beziehung sein, sondern könnten genauso gut als Folge einer gemeinsamen jüdischen Herkunft interpretiert werden. Ebenso wenig wird die Einmaligkeit Jesu durch diese Parallelen gefährdet, vielmehr geben sie Zeugnis dafür, dass die Gestalt Jesu Christi und seine Botschaft nicht nur in den Augen der Gläubigen glaubwürdig sind, sondern auch aus historischer Sicht nachvollziehbar und stimmig.

Gemeindeorganisation und Lebensführung im Vergleich zwischen Frühchristentum und Schriftrollen

Die Erforschung des Frühchristentums ist stark vom Wissen bzw. Nichtwissen um dessen jüdischen Ursprung abhängig. Die Schriften vom Toten Meer haben daher einen ungeahnten Horizont von Informationen eröffnet, die vor 1947 nicht nur nicht vorhanden, sondern – mehr noch – unvorstellbar waren. Mit einem Mal trat eine ganze Reihe jüdischer Gemeinschaften ans Tageslicht, deren Merkmale mit jenen der frühchristlichen Gemeinden durchaus vergleichbar waren. In einem Wechselspiel von Ähnlichkeiten und Unterschieden wurde es in der Folge möglich, den Sitz im Leben des Christentums zu definieren bzw. das Besondere und Neue besser wahrzunehmen und zu bewerten. Durch die Konstituierung der nachösterlichen Gemeinschaft in Jerusalem entstand für die Jesus-Bewegung eine ungewohnte Situation, wurde sie doch unvermittelt von der Peripherie Galiläas in das räumliche Zentrum von Israel und zugleich in die Mitte des theologischen, sozialen und politischen Diskurses katapultiert. Neben Tendenzen der Absonderung ist daher auch mit Tendenzen der Anpassung zu rechnen, wobei gerade in diesem Zusammenhang der Vergleich mit den Schriftrollen von großem Interesse ist.

Tatsächlich sind die Gemeindevorstellungen des frühen Christentums denen von 1QS – bis in die Terminologie hinein – sehr ähnlich. Die Gemeinde wird in beiden Fällen mit dem Bild eines stabil gebauten Hauses beschrieben, versehen mit einem tragenden Fundament und festen Ecksteinen. Da die Vorstellung der Gemeinde als Tempel Gottes, wie sie sowohl im Neuen Testament als auch in vielen Manuskripten begegnet, eine klare Fortsetzung der alttestamentlichen Tradition darstellt, überrascht diese Parallele nicht. Begibt man sich dann ins Innere des „Gebäudes" selbst, wird man im Fall der Jahad mit einem mehrjährigen Aufnahmeverfahren konfrontiert, einer Zeit der Einübung in das richtige Leben, die vom Studium der Tora geprägt war. Nach einem Jahr durfte das angehende Mitglied an den Reinigungsbädern teilnehmen, später auch an den gemeinsamen Mahlzeiten.

Mit der vollen Mitgliedschaft war die Annahme des Disziplinarrechts der Gemeinschaft verbunden, welches neben schwächeren Strafen auch den totalen Ausschluss aus der Gemeinde vorsah. Ähnliches ist im Neuen Testament bezeugt, wo der schuldig gewordene Bruder oder die schuldig gewordene Schwester zunächst in Demut und Liebe zurechtgewiesen wird. In den Pastoralbriefen des Paulus, die eine Antwort auf konkrete Probleme der Gemeinden geben wollen, ist dann bereits die Strafe des Ausschlusses vorgesehen. Hier, wie in vielen anderen Fällen, agiert Paulus auf der Basis unzähliger Musterbeispiele aus dem Judentum, wie sie etwa in den Schriftrollen berichtet werden. Was die Frage des Aufstellens und Überwachens von Regelungen betrifft, sah 1QS für die Jahad eine klare Leitungsstruktur vor. Dieses Leitungsgremium bestand aus 12 Laien und drei Priestern sowie einigen Aufsehern, Vorstehern und Lehrern. Ansonsten herrschte in der Gemeinde grundsätzlich Gleichheit, wobei den Ältesten eine gewisse Vorrangstellung eingeräumt wurde. Bei den ersten christlichen Gemeinden war die Lage nicht viel anders. Neben dem Amt der Gemeindeleiter – bzw. sogar der Gemeindeleiterinnen – waren die Mitglieder der Gemeinschaft einander gleichgestellt, eine Praxis, die in beiden Fällen aus der jüdischen vorsynagogalen Tradition stammen dürfte.

Von den rituellen jüdischen Mahlzeiten, wie sie in 1QS, CD oder 4QMMT beschrieben werden, übernimmt das Christentum die Feier des Herrenmahles. Das Miteinander-Essen war damals ein wesentliches Element vieler religiöser Gruppen. Die Jahad etwa versammelte sich regelmäßig, um gemeinsame Mahlriten abzuhalten, und ähnlich dem Letzten Abendmahl Jesu berichtet 1QS davon, dass vor dem Essen ein Segensgebet gesprochen wurde. Neben Differenzen in der konkreten Ausführung des Rituals besteht der markanteste Unterschied aber darin, dass dem christlichen Mahl ein sakramentaler Wert zukam bzw. immer noch zukommt. Die versammelte Gemeinde verrichtet nicht einen beliebigen Mahlritus, sondern wiederholt exakt jene Zeichenhandlung, die Jesus Christus vor seinem Tod ausgeführt hat – ein Gedanke, der in der Spiritualität der Jahad völlig fehlt, war das gemeinschaftliche Essen hier doch hauptsächlich ein Initiationsritus.

Darüber hinaus sieht 1QS vor, dass angehende Mitglieder ihr gesamtes Vermögen der Gemeinschaft übergeben. Auch in diesem Fall spielt alttestamentliches Gedankengut eine bedeutende Rolle. Gott allein wird als eigentlicher Besitzer des Landes betrachtet, jene Autorität, die für die Fruchtbarkeit des Landes und für den mit dieser Fruchtbarkeit verbundenen Ertrag zuständig war. Da sich die Jahad als eschatologische Gemeinschaft verstand, wollte sie eine auf diesem – in der konkreten Realwirtschaft des nationalen Staates Israel verloren gegangenen – Denken basierende Gütergemeinschaft etablieren. Die christliche Gütergemeinschaft dagegen hatte zwar ebenfalls einen eschatologischen Hintergrund, war jedoch anders motiviert, nämlich durch die soziale Verantwortung und die Übernahme von Pflichten gegenüber den ärmeren Mitgliedern der Gemeinschaft. Damit ist das christliche Sozialsystem eher der Tradition der synagogalen Versammlung vergleichbar als jener der Jahad.

Hielt man lange Zeit die kritische Haltung des frühen Christentums gegenüber dem Gesetz für ein Proprium, wird aus dem Studium der „Dead Sea Scrolls" rasch ersichtlich, dass eine eigenständige Position gegenüber der Tora – die durchaus interpretiert werden durfte bzw. sogar interpretiert werden musste, um für den Menschen hier und jetzt relevant sein zu können – einer ganzen Reihe von jüdischen Gruppierungen gemeinsam war. Innerhalb dieser Gemeinschaften wurden längst nicht bloß die fünf Bücher des Moses als autoritativ angesehen, sondern verschiedene andere Werke, die nicht selten von einer Autorengruppe innerhalb dieser Gemeinschaft verfasst worden waren. Die Auslegungen, welche die verantwortlichen Ältesten von der Tora und dem sonstigen Schriftgut vornahmen, waren dann für alle verbindlich. Interessant ist dabei, dass 4QMMT unterschiedliche Interpretationen in Form von Antithesen präsentiert, eine Parallele zur Bergpredigt, in der sich Jesus als Autorität in Fragen der Schriftauslegung behauptet. Auch die paulinische Auseinandersetzung (Römerbrief) mit Gesetz und Evangelium zielt nicht auf eine drastische Antithese ab, sondern vielmehr auf eine korrekte Interpretation des Gesetzes im Licht der evangelischen Botschaft vom Reich Gottes. Summa summarum tat Jesus also nicht viel anderes als manch ein anderer charismatischer Lehrer seiner Zeit, deren Denken uns nun dank der Schriftrollen vom Toten Meer zugänglich geworden ist.

Was die Institution des Jerusalemer Tempels betrifft, standen ihr sowohl die große Mehrheit der Schriftrollen als auch das Neue Testament kritisch gegenüber. Der Tempel an sich wurde zwar als geistige Institution verehrt, als konkrete politische Einrichtung – verbunden mit dem dort agierenden Priestertum – aber massiv angegriffen. Zum besseren Verständnis der Unterschiede zwischen „Dead Sea Scrolls" und Frühchristentum ist hier besonders die zeitliche Komponente zu beachten. Waren die Schriften vom Toten Meer noch vor der Zerstörung des Tempels komponiert worden und konnten daher eine noch bestehende und als ungerecht empfundene Struktur attackieren, stammt das Gros der neutestamentlichen Texte aus der Zeit nach 70 n. Chr. und ist daher von den Erfahrungen von Zerstörung und Verlust des Tempels geprägt. Bedeutsam ist in diesem Zusammenhang die eschatologische Hoffnung mancher NT-Schriften. Denn auch Schriften wie die Tempelrolle, die Sabbat-Opfer-Gesänge oder das „Neue Jerusalem" idealisieren den neuen Tempel und das himmlische, nichtsdestotrotz aber weltliche Jerusalem mit Zügen, die der Offenbarung des Johannes sehr nahekommen.

Neben all den angeführten Parallelen sind auch verschiedene Differenzen zwischen den beiden Textsammlungen festzustellen. Dennoch zeigen die besprochenen Aspekte überzeugend, dass die frühchristliche jesuanische Gemeinschaft sich nicht allzu auffällig in die breite Palette von jüdischen Glaubensschulen eingegliedert haben dürfte und daher – heute – viel stärker von ihren jüdischen Wurzeln her interpretiert werden sollte.

Jesus als Messias und die eschatologische Hoffnung in den Schriftrollen

Die Reflexion und Diskussion des Judentums in der Periode des Zweiten Tempels kreist im Wesentlichen um die nationalen Tragödien der Zerstörung – des Tempels bzw. der Stadt Jerusalem – und des Exils, die es im kleinen Kreis der Familien wie im großen Kollektiv zu verarbeiten galt. Die Theologie der jüdischen Geschichte, die im Buch Deuteronomium und den nachfolgenden historischen Büchern präsentiert wird, stammt aus der Zeit nach diesen Ereignissen und rechnet mit der Vergangenheit in aller Deutlichkeit ab: Das Volk, so das Fazit, sei bestraft worden, weil es den mit Gott am Sinai geschlossenen Bund nicht eingehalten hat. Als Strafe erfährt es nun den schmerzlichen Verlust des Landes, welcher im Buch Deuteronomium in einer langen Liste von Segen und – vor allem – Flüchen bereits angekündigt worden ist. Die Kernproblematik der nachexilischen Zeit lautet, folgt man den Schriftrollen vom Toten Meer bzw. dem Neuen Testament: Wie kann das Volk trotz seiner Schuld gegenüber dem göttlichen Bund einem zweiten Exil entgehen? Und: Wie kann der Fluch des Deuteronomiums ungültig gemacht werden?

Die Idee eines „neuen Bundes" war daher in der Literatur der damaligen Zeit ein beliebtes Thema, mit dem sich sowohl prophetische als auch apokalyptische Schriften befassten. Dabei wurden ganz unterschiedliche Lösungsansätze für die Fluchproblematik durchgespielt: Das Damaskusdokument etwa berichtet, dass der „neue Bund" im Land Damaskus geschlossen wird, und umgeht so die mit dem Sinaibund verbundenen Flüche. 1QS präsentiert die Jahad als letztes Glied in einer Kette von Bundesschlüssen, bei denen einer den anderen erneuert und überboten hat. In diesem Kontext steht dann der Glaube daran, dass der Tempel ein weiteres Mal zerstört wird, die Jahad aber die Tragödie überleben und als Volk des „neuen Bundes" weiterbestehen wird. Eine ähnliche Vorstellung begegnet uns auch bei den frühen Christen, wo Paulus die Nachfolge Jesu als „Dienst des Neuen Bundes" (2 Kor 3,6) bezeichnet und den „Kelch des Neuen Bundes", den Jesus beim Letzten Abendmahl mit seinen Jüngern getrunken hat, als Ausweg versteht, den Teufelskreis von Segen und Fluch zu sprengen. Von diesen konkreten Parallelen abgesehen, gilt es festzuhalten, dass die allgemeine eschatologische Erwartung um die Zeitenwende sehr ausgeprägt war und natürlich die Schriften vom Toten Meer ebenso geprägt hat wie das Neue Testament.

Ein wichtiges Element dieser eschatologischen Naherwartung war die Gestalt des Messias bzw. mehrerer Messiasse. Dazu findet man in den „Dead Sea Scrolls" eine ganze Reihe verschiedener Vorstellungen, die entweder das Produkt von unterschiedlichen Ansichten der diversen Gruppierungen sein können oder aber Reaktionen einer oder mehrerer Autorengruppen auf die vielfältigen Zeiterscheinungen. Was die konkreten Inhalte betrifft, bestand eine Variante im Glauben an ein messianisches Kollektiv, d. h. eine Gruppe von Auserwählten, die sich durch bestimmte Riten bzw. eine klar definierte Lebensweise als Träger der messianischen Heilserwartung qualifizierten. Die Kriegsrolle beispielsweise versteht die „Söhne des Lichtes" als kollektives Werkzeug Gottes, das der Herrschaft des Bösen ein Ende setzen wird. Eine weitere sehr verbreitete Auffassung war die Vision einer messianischen „Doppelspitze", in der die priesterlichen und königlichen Komponenten des Messias auseinanderdividiert und zwei unterschiedlichen Gestalten zugesprochen wurden. Die gängige Bezeichnung für den Priestermessias lautete „Gesalbter Aarons" und für den Königsmessias „Gesalbter Israels", wobei dem priesterlichen Gesalbten eine deutliche Vormachtstellung zukommt (insbesondere in 1QS und CD). Im Damaskusdokument ist weiters die Rede von einem „Gesalbten Aarons und Israels", was darauf hindeutet, dass man für die „Gemeinschaft des neuen Bundes im Land Damaskus" mit einem Messias gerechnet hat, der beide Funktionen in sich vereinen konnte.

Die Figur des königlich-davidischen Messias wiederum steht in engem Zusammenhang mit dem Anspruch der Hasmonäer, nicht bloß Könige, sondern gleichzeitig Hohepriester zu sein, bzw. später mit dem Ansinnen von Nichtjudäern, den Thron in Jerusalem zu besteigen (wie etwa Herodes und seine Dynastie). Mehr noch, sie ist rückblickend als Gegenreaktion auf die hasmonäische Personalunion von König und Priester zu verstehen. Sowohl der Kommentar zum Buch Genesis (4Q152) als auch Midrasch für die eschatologische Zeit (4Q174) skizzieren unter Bezugnahme auf den biblischen Propheten Jesaja einen Messias, der auf dem Thron Davids herrschen wird. Biblisches Vorbild war dabei die Gestalt des Melchisedek, der gleichzeitig Priester, König und Richter war (11Q13), nicht der irdischen, sondern der himmlischen

Welt angehört. Unter dem Einfluss priesterlich orientierter Gruppen erlangte der Glaube an einen einzigen priesterlichen Messias zunehmend Bedeutung und ist auch innerhalb der Schriftrollen gut belegt. Dieser „gesalbte (messianische) Priester" war in der Zeit der Bedrängnis für seine Anhänger die höchste Instanz.

All diese Erwartungen, in denen bald das königliche Element stärker hervortrat, bald das priesterliche bzw. prophetische, wurden in der jesuanischen Gemeinde bzw. im Frühchristentum in einer königlich-davidischen Konkretisierung gebündelt. Hinzu kam die Vorstellung von einem leidenden und gerade in diesem Leiden errettenden Messias, ein Gedanke, der im Judentum – besonders infolge des Exils – zwar nicht unbekannt war, aber keine Hauptströmung darstellte. Das Neue Testament dann verkündet die allein im Glauben erfassbare Wahrheit: Jesus von Nazareth ist der Messias Israels. Mit dieser Identifizierung wird der Messias individualisiert und auch personalisiert, einzelne – auch in den Schriftrollen belegte – Elemente werden aufgenommen, jedoch neu geordnet und aktualisiert. Im Scheitern am Kreuz dominiert mit einem Mal ein bis dato wenig beachteter Gesichtspunkt und es entsteht Raum für einen – so entschieden vertretenen – doch neuen, christlichen Messianismus. Damit aber sind die faktischen Kontaktpunkte zwischen den Schriftrollen vom Toten Meer und dem Neuen Testament beinahe verschwunden.

Die Schriftrollen vom Toten Meer und die Ausgrabungen in Qumran lassen aufscheinen, was nicht spezifisch christlich ist, sondern jüdischer Kulturhintergrund war. Sie eröffnen einen Blick in einen kulturellen und sozialen Gesellschaftskomplex, der um so vieles reicher, vielschichtiger und bunter war, als vor 1947 angenommen wurde. Damit ist es der modernen Theologie möglich, die jüdischen Wurzeln des Christentums genauer als je zuvor zu erforschen und Schritt für Schritt herauszufiltern, was an Jesus, seiner Lehre und seinen Anhängern wirklich neu war. Vieles wird deutlicher, manches erscheint in einem anderen Licht, bis dato kaum beachtete Sachverhalte gewinnen plötzlich an Interesse. Die lohnende Aufgabe einer vom Toten Meer ihren Ausgang nehmenden Analyse und Auswertung hat heute aber gerade erst begonnen.

Weiterführende Literatur

James C. VanderKam, Einführung in die Qumranforschung (UTB 1998), Göttingen: Vandenhoeck und Ruprecht 1998. – *Eine verständlich geschriebene und fundierte Einführung, die Qumran mit dem Alten und Neuen Testament in Verbindung bringt. Wenig Archäologie, VanderKam ist Vertreter der Qumran-Essener-Hypothese.*

Hartmut Stegemann, Die Essener, Qumran, Johannes der Täufer und Jesus, Freiburg: Herder 1993 [2007 10. Auflage]. – *Standardwerk über die Qumran-Funde und ihre Beziehung zu den Essenern, Jesus und dem Frühchristentum. In Bezug auf die Essener, die Stegemann als Bewohner von Qumran und Autoren der Rollen beschreibt, sind seine Ansichten überholt. Ansonsten nach wie vor Pflichtlektüre für Qumran-Interessierte.*

Weston W. Fields, The Dead Sea Scroll. A short History, Leiden: Brill 2006. – *Kurze und spannende Geschichte von der Entdeckung und Publikation der Qumran-Schriften. Fields, der ehemalige Direktor der Dead Sea Scroll Foundation, vermag wie kein anderer auf zahlreiche Interviews und Briefe der ersten Herausgeber zurückzugreifen und bietet in seinem Werk ein komplexes Bild der ersten Ära der Qumran-Forschung.*

Yizhar Hirschfeld, Qumran. Die ganze Wahrheit. Die Funde der Archäologie neu bewertet. Aus dem Englischen übersetzt von Karl H. Nicolai. Deutsche Bearbeitung von Jürgen Zangenberg, Gütersloh: Gütersloher Verlagshaus 2006. – *Hirschfeld bietet eine völlig neue Darstellung bzw. Sicht der archäologischen Ausgrabungen, diskutiert und widerlegt die Essener-Hypothese und vertritt schließlich die Auffassung, Qumran sei eine Farm gewesen. Das Zentrum der Essener identifiziert er mit einer anderen Siedlung am Toten Meer oberhalb von En Gedi.*

Jodi Magness, Archaeology of Qumran and the Dead Sea Scrolls, Grand Rapids: Eerdmans Publishing 2002. – *Die US-amerikanische Wissenschaftlerin untersucht die archäologischen Funde von Qumran in Zusammenhang mit antiken Quellen und stellt die Behauptung auf, die Siedlung sei das Zentrum einer sektenartigen Bewegung gewesen.*

Michael Wise – Martin Abegg jr. – Edward Cook, Die Schriftrollen von Qumran. Übersetzung und Kommentar mit bisher unveröffentlichten Texten, Augsburg: Pattloch Verlag 1997. – *Gute deutsche Übersetzung der wichtigsten Rollen und Rollenfragmente.*

Johann Maier, Die Qumran-Essener. Die Texte vom Toten Meer. 3 Bände, München: Reinhard, 1995–1996. – *Wissenschaftliche deutsche Übersetzung mit Einführungen zu den meisten Handschriften.*

Bildnachweis

Alle Bilder: Berteotti, Francesco (2010)

Qumran und die Schriftrollen in Internet

http://orion.mscc.huji.ac.il (offizielle Seite des Orion Center)

http://www.antiquities.org.il (offizielle Seite des Altertumsministeriums von Israel)

http://www1.ku-eichstaett.de/KTF/qumran/de/begriffe.htm (Seite der Universität Eichstätt, 3-D-Simulation der rekonstruierten Qumran-Siedlung)

http://www.3disrael.com/dead_sea/qumran2.cfm (3-D-Tour durch die antiken Ruinen von Qumran)

http://www.qwb.adw-goettingen.gwdg.de (Seite der Forschungsstelle zum Qumran-Wörterbuch der Universität Göttingen)

http://www.qumran.org/homes/literatur (Infos und Literatur über Qumran und die Schriftrollen)

http://www.ibiblio.org/expo/deadsea.scrolls.exhibit/intro.html (Bilder der Wanderausstellung über Qumran und die Schriftrollen)

http://www.ka-theol.uni-bonn.de/Einrichtungen/at-einleitung/thwq (Offizielle Seite des Theologischen Wörterbuchs zu den Qumrantexten der Universität Bonn)

http://www.ancient-hebrew.org/31_home.html (Vergleich zwischen den biblischen Schriften vom Toten Meer und dem Textbefund des Alten Testamentes aus den mittelalterlichen Codices)

http://www.centuryone.org (Offizielle Seite des „Dead Sea Scrolls"-Projekt am Princeton Theological Seminary von James Charlesworth)

http://home.flash.net/~hoselton/deadsea/caves.htm#index (englische Seite mit Auflistung und Kurzbeschreibung aller bis heute publizierten Texte)